CINCO MINUTOS COM DEUS
e
Abbé Pierre

COLEÇÃO CINCO MINUTOS COM DEUS

- Cinco minutos com Deus e Raniero Cantalamessa – Dario Gallon (org.)
- Cinco minutos com Deus e Madre Teresa – Roberta Bellinzaghi (org.)
- Cinco minutos com Deus e Abbé Pierre – Alessandra Berello (org.)

CINCO MINUTOS COM DEUS
e
Abbé Pierre

Alessandra Berello (org.)

Paulinas

Dados Internacionais de Catalogação na Publicação (CIP)
(Câmara Brasileira do Livro, SP, Brasil)

> Cinco minutos com Deus e Abbé Pierre / Alessandra Berello, (org.) ; tradução Antonio Efro Feltrin — São Paulo : Paulinas, 2010. — (Coleção cinco minutos com Deus)
>
> Título original: 5 minuti con Dio-Abbé Pierre.
> Bibliografia.
> ISBN 978-85-356-2658-2
> ISBN 978-88-384-8615-9 (ed. original)
>
> 1. Ação social 2. Deus - Amor 3. Espiritualidade 4. Humanitarismo 5. Oração 6. Pierre, Abbé, 1912-2007 I. Berello, Alessandra. II. Série.
>
> 10-05316   CDD-231.6

Índice para catálogo sistemático:
1. Amor de Deus : Cristianismo   231.6

Citações bíblicas: *Bíblia Sagrada*. Tradução da CNBB. 8. ed. São Paulo, 2008.

Título original da obra: *5 minuti con Dio - Abbé Pierre*
© 2006, Edizioni Piemme Spa - Via Galeotto del Carretto, 10-15033 Casale Monferrato (AL) - Italy

Direção-geral: *Flávia Reginatto*
Editora responsável: *Andréia Schweitzer*
Tradução: *Antonio Efro Feltrin*
Copidesque: *Rosa Maria Ayres da Cunha*
Coordenação de revisão: *Marina Mendonça*
Revisão: *Ruth Kluska*
Direção de arte: *Irma Cipriani*
Assistente de arte: *Sandra Braga*
Gerente de produção: *Felício Calegaro Neto*
Projeto gráfico: *Manuel Rebelato Miramontes*

Nenhuma parte desta obra poderá ser reproduzida ou transmitida por qualquer forma e/ou quaisquer meios (eletrônico ou mecânico, incluindo fotocópia e gravação) ou arquivada em qualquer sistema ou banco de dados sem permissão escrita da Editora. Direitos reservados.

Paulinas
Rua Dona Inácia Uchoa, 62
04110-020 – São Paulo – SP (Brasil)
Tel.: (11) 2125-3500
http://www.paulinas.org.br – editora@paulinas.com.br
Telemarketing e SAC: 0800-7010081

© Pia Sociedade Filhas de São Paulo – São Paulo, 2010

Introdução

As palavras de Abbé Pierre constituem um estímulo forte e convincente para as pessoas saírem de si mesmas, para se abrirem ao outro.

Testemunha atenta de quase um século, Abbé Pierre se indignou contra os males do nosso tempo: o racismo, a pobreza e a exclusão. Defensor generoso dos direitos humanos, fundador da Comunidade Emaús, esse sacerdote da contracorrente se ocupou, por décadas, em defender os pobres, os clandestinos, os desempregados e os imigrantes.

No dia 1º de fevereiro de 1954, por meio dos microfones da Rádio Luxemburgo, Abbé Pierre abalou a França com um apelo em favor de milhares de sem-teto e de famintos da Paris pós-guerra. Mais de meio século depois, e pouco tempo antes de ir ao encontro do Pai, continuava chamando a atenção da opinião pública mundial sobre a situação de quem vive sem habitação. Na Comunidade Emaús, milhares de pessoas em dificuldade foram por ele acolhidas, ajudadas a encontrar trabalho para recuperar a dignidade, antes de tudo, diante de si mesmas e, depois, da sociedade.

Desde os seus 20 anos, Abbé Pierre conservava os seus apontamentos e as suas reflexões, que resultaram neste livro. Nesta coletânea de pensamentos, encontramos, de fato, um Abbé Pierre mais íntimo. Através de um percurso evangélico, somos introduzidos no universo interior desse profeta do nosso tempo, que ainda hoje, após uma vida longeva, não cessa de assombrar e de causar espanto com as posições tomadas diante dos grandes temas da sociedade contemporânea e da Igreja mundial.

Testemunha de um século de grandes mudanças, inúmeros avanços tecnológicos, conquistas da civilização e reviravoltas de poder, mas também de grandes massacres em conflitos em todo o mundo e por isso apelidado de "Era dos Extremos", Abbé Pierre nos permite recordar nestas páginas o seu caminho de homem de fé e nos leva à fonte que inspirou a sua vida e as suas ações.

1

Um Pai de amor

Pai, quero que estejam comigo aqueles que me deste, para que contemplem a minha glória, a glória que tu me deste, porque me amaste antes da criação do mundo. Pai justo, o mundo não te conheceu, mas eu te conheci, e estes conheceram que tu me enviaste. Eu lhes fiz conhecer o teu nome, e o farei conhecer ainda, para que o amor com que me amaste esteja neles, e eu mesmo esteja neles.

(Evangelho de João 17,24-26)

O Pai não pode deixar de estar em adoração diante da perfeição infinita que vê no Filho; o Filho não pode deixar de estar em adoração diante da perfeição infinita que há no Pai; o Espírito Santo, o *sopro* semelhante ao de um beijo, não é outra coisa senão o movimento do Pai e do Filho, que se amam. É a Vida, a vida íntima do Eterno, e nos foi levantada uma ponta do véu que a cobre, para nos fazer entrever a vida sem-fim contida nesse Amor eterno. O Eterno é Amor; esse é o primeiro fundamento da minha fé.

2

Feliz com os outros

[...] Certo homem descia de Jerusalém para Jericó e caiu nas mãos de assaltantes. Estes arrancaram-lhe tudo, espancaram-no e foram-se embora, deixando-o quase morto. Por acaso, um sacerdote estava passando por aquele caminho. Quando viu o homem, seguiu adiante, pelo outro lado. O mesmo aconteceu com um levita: chegou ao lugar, viu o homem e seguiu adiante, pelo outro lado. Mas um samaritano, que estava viajando, chegou perto dele, viu, e moveu-se de compaixão. Aproximou-se dele e tratou-lhe as feridas, derramando nelas óleo e vinho. Depois colocou-o em seu próprio animal e o levou a uma pensão, onde cuidou dele. No dia seguinte, pegou dois denários e entregou-os ao dono da pensão, recomendando: "Toma conta dele! Quando eu voltar, pagarei o que tiveres gasto a mais". Na tua opinião – perguntou Jesus –, qual dos três foi o próximo do homem que caiu nas mãos dos assaltantes?

(Evangelho de Lucas 10,30-36)

À medida que crescemos, nos encontramos diante da escolha entre *mim mesmo* e *os outros*. Em nós se enfrentam duas forças contrárias. Uma nos solicita a dar prazer aos outros, a não pensar em *mim mesmo antes de tudo*. A outra se manifesta como vontade de agir *só por mim mesmo*; uma atitude que chamo "autoidolatria". Se eu quiser ser feliz sem os outros, cedo ou tarde, a minha felicidade se revelará fugaz. Por outro lado, se eu escolher ser feliz tornando os outros felizes, iluminando-os como uma fonte de luz, a minha felicidade se alimentará na mesma proporção.

3

Um grande Pai

Quando orardes, não useis de muitas palavras, como fazem os pagãos. Eles pensam que serão ouvidos por força das muitas palavras. Não sejais como eles, pois o vosso Pai sabe do que precisais, antes de vós o pedirdes. Vós, portanto, orai assim: Pai nosso que estás nos céus, santificado seja o teu nome; venha o teu Reino; seja feita a tua vontade, como no céu, assim também na terra.

(Evangelho de Mateus 6,7-10)

Quando os discípulos lhe pedem: "Senhor, ensina-nos a rezar", Jesus responde para rezarem assim: "Pai nosso que estás nos céus". "Pai nosso", dirigindo-se a Deus como filhos, ligados a ele por um vínculo familiar. "Que estás nos céus": não só perdemos frequentemente o sentido dessa imagem – que por muito tempo foi interpretada como um paraíso existente em algum lugar entre as nuvens –, mas também conhecemos, agora, graças à exploração do universo, a imensidão do espaço cósmico. Dizer "Pai nosso que estás nos céus" significa, então, afirmar: "Tu que estás além de tudo aquilo que é mensurável". Como se pode continuar a viver de idolatria?

4

O dom do pão

Então pegou o cálice, deu graças e disse: "Recebei este cálice e fazei passar entre vós; pois eu vos digo que, de agora em diante, não mais beberei do fruto da videira, até que venha o Reino de Deus". A seguir, tomou o pão, deu graças, partiu-o e lhes deu, dizendo: "Isto é o meu corpo, que é dado por vós. Fazei isto em memória de mim". Depois da ceia, fez o mesmo com o cálice, dizendo: "Este cálice é a nova aliança no meu sangue, que é derramado por vós".

(Evangelho de Lucas 22,17-20)

No tempo de Jesus, o templo de Jerusalém era um gigantesco matadouro, com cheiro de sangue, onde cordeiros baliam e touros mugiam.

De repente, a Eucaristia representa o fim do sangue derramado e o início de um sacrifício oferecido a partir das realidades mais elementares: o pão e o vinho. É por meio desses alimentos absolutamente ordinários que Deus se dá aos seres humanos com todo o seu amor, convidando-os a se doarem também eles uns aos outros e a renunciarem a derramar sangue nas suas disputas. "Eucaristia" significa "graças": é a expressão da gratidão pela fonte da vida.

5

Alegria sem-fim

Também vós, não fiqueis ansiosos com o que comer ou beber. Não vos inquieteis! Os pagãos deste mundo é que vivem procurando todas essas coisas, mas o vosso Pai sabe que delas precisais. Buscai, pois, o seu Reino, e essas coisas vos serão dadas por acréscimo. Não tenhas medo, pequeno rebanho, pois foi do agrado do vosso Pai dar a vós o Reino. Vendei vossos bens e dai esmola. Fazei para vós bolsas que não se estraguem, um tesouro no céu que não se acabe; ali o ladrão não chega nem a traça corrói. Pois onde estiver o vosso tesouro, aí estará também o vosso coração.

(Evangelho de Lucas 12,29-34)

O tesouro do cristão é a alegria. A alegria de ter certeza de que é amado e de que, mediante a sua liberdade, pode aprender a amar. Para os cristãos, Deus é Amor. Deus se expressa, é Pai, e do sopro do Pai e do Filho, que se amam, jorra o Espírito.

Vivida plenamente, sem limitações, a alegria do cristão se torna contagiosa. A sua esperança é a mesma de quem é chamado "não cristão", mais o privilégio de pensar que é uma esperança sem limites.

6

Vencer a lei do mais forte

Cuidado! Não desprezeis um só destes pequenos! Eu vos digo que os seus anjos, no céu, contemplam sem cessar a face do meu Pai que está nos céus. [...] Que vos parece? Se alguém tiver cem ovelhas, e uma delas se extraviar, não deixará as noventa e nove nos morros, para ir à procura daquela que se perdeu? E se ele a encontrar, em verdade vos digo, terá mais alegria por esta do que pelas noventa e nove que não se extraviaram. Do mesmo modo, o Pai que está nos céus não deseja que se perca nenhum desses pequenos.

(Evangelho de Mateus 18,10.12-14)

O princípio da lei natural é invocado frequentemente como critério principal sobre o qual devem ser baseadas as nossas escolhas, o único capaz de fazer-nos agir corretamente. Quando ouço alguém pronunciar essas palavras, eu me altero. O que seria a lei natural? Aquela segundo a qual o peixe grande come o peixe pequeno? Se não superarmos a lei brutal do grande que se alimenta do mais fraco, nós nos precipitaremos numa civilização primitiva.

7

Deus com os seres humanos

Haja entre vós o mesmo sentir e pensar que no Cristo Jesus. Ele, existindo em forma divina, não se apegou ao ser igual a Deus, mas despojou-se, assumindo a forma de escravo e tornando-se semelhante ao ser humano. E encontrado em aspecto humano, humilhou-se, fazendo-se obediente até a morte – e morte de cruz! Por isso, Deus o exaltou acima de tudo e lhe deu o Nome que está acima de todo nome, para que, em o Nome de Jesus, todo joelho se dobre no céu, na terra e abaixo da terra, e toda língua confesse: "Jesus Cristo é o Senhor", para a glória de Deus Pai.

(Carta aos Filipenses 2,5-11)

O fato de o Verbo se fazer carne e se entregar à humanidade, aceitando todas as possíveis consequências, é um convite para amar. Não é verdade que o Pai impõe os tormentos da paixão de Cristo como expiação. O que deseja e o que desejou é diferente, pois o ser humano nasceu com a capacidade de amar. Com a liberdade e, portanto, com o poder de amar, Cristo quis ser humano e construir alguma coisa com a humanidade e para a humanidade.

8

Amar no sofrimento

O amor seja sincero. Detestai o mal, apegai-vos ao bem. Que o amor fraterno vos una uns aos outros, com terna afeição, rivalizando-vos em atenções recíprocas. Sede zelosos e diligentes, fervorosos de espírito, servindo sempre ao Senhor, alegres na esperança, fortes na tribulação, perseverantes na oração. Mostrai-vos solidários com os santos em suas necessidades, prossegui firmes na prática da hospitalidade. Abençoai os que vos perseguem, abençoai e não amaldiçoeis. Alegrai-vos com os que se alegram, chorai com os que choram. Mantende um bom entendimento uns com os outros; não sejais pretensiosos, mas acomodai-vos às coisas humildes.

(Carta aos Romanos 12,9-16)

O ser humano é feliz quando está consciente de ser livre para amar e de que o amor significa que, quando você – o outro – sofre, também eu passo mal. Então não adianta lamentar-me, devo reunir as minhas forças para fazer nos curar do seu mal, que já se tornou meu. Se essa condição não se realiza, amar se torna uma farsa, nada mais que palavras.

9

Da morte para a vida

Em verdade, em verdade, vos digo: quem escuta a minha palavra e crê naquele que me enviou possui a vida eterna e não vai a julgamento, mas passou da morte para a vida. Em verdade, em verdade, vos digo: vem a hora, e é agora, em que os mortos ouvirão a voz do Filho de Deus e os que a ouvirem viverão.

(Evangelho de João 5,24-25)

A morte é o encontro maravilhoso, luminoso, do Infinito, do Eterno, do Amor. Em todo amor humano está misturado, infelizmente, o sofrimento de saber que, quando queremos amar, nunca nos doamos plenamente e, quando queremos ser amados, nunca conhecemos o amado plenamente. Em todo amor humano fica sempre o inefável, o inexprimível, uma parte indizível que não se consegue atingir. Com a morte, a pessoa que nos deixa começa a nos conhecer, no mais profundo de nós mesmos, através do conhecimento que Deus tem de nós.

10

O sentido do universo

Eu penso que os sofrimentos do tempo presente não têm proporção com a glória que há de ser revelada em nós. De fato, toda a criação espera ansiosamente a revelação dos filhos de Deus; pois a criação foi sujeita ao que é vão e ilusório, não por seu querer, mas por dependência daquele que a sujeitou. Também a própria criação espera ser libertada da escravidão da corrupção, em vista da liberdade que é a glória dos filhos de Deus.

(Carta aos Romanos 8,18-21)

Toda a beleza do universo seria absurda se não fosse expressão da perfeição sem limites do Eterno. Se formos cristãos, saberemos que tudo isso é uma manifestação da Onipotência que ama, de uma Onipotência que se dirige às pessoas, aos seres dotados de capacidade de conhecer, admirar e descobrir razões de amar. O universo seria absolutamente absurdo, sim, se não fôssemos nós minúsculas aparições num minúsculo planeta inserido no conjunto das galáxias, pequenos seres do nada, mas dotados de liberdade, que nos torna capazes de idolatrar a nós mesmos ou de amar.

11

A alegria do perdão

"[...] Sede misericordiosos como vosso Pai é misericordioso. Não julgueis e não sereis julgados; não condeneis e não sereis condenados; perdoai e sereis perdoados. Dai e vos será dado. Uma medida boa, socada, sacudida e transbordante será colocada na dobra da vossa veste, pois a medida que usardes para os outros, servirá também para vós". Ele contou-lhes, também, uma parábola: "Pode um cego guiar outro cego? Não cairão os dois no buraco? [...] Por que observas o cisco que está no olho do teu irmão, e não reparas na trave que está no teu próprio olho? Como podes dizer a teu irmão: 'Irmão, deixa-me tirar o cisco do teu olho', quando não percebes a trave que está no teu próprio olho? Hipócrita! Tira primeiro a trave que está no teu olho e, então, enxergarás bem para tirar o cisco do olho do teu irmão".

(Evangelho de Lucas 6,36-39.41-42)

Um dos momentos mais intensos de alegria fraterna é o do perdão depois da ofensa que rompeu a fraternidade. O perdão dado e recebido faz crescer o amor e enche o nosso coração de uma alegria incomparável. É o vértice da fraternidade entre duas pessoas: reencontra-se a comunhão depois de experimentar a dor.

Nada, talvez, na terra seja maior que o perdão entre dois irmãos.

12

Jesus tem frio aqui na terra

Também José, que era da família e da descendência de Davi, subiu da cidade de Nazaré, na Galileia, à cidade de Davi, chamada Belém, na Judeia, para registrar-se com Maria, sua esposa, que estava grávida. Quando estavam ali, chegou o tempo do parto. Ela deu à luz o seu filho primogênito, envolveu-o em faixas e deitou-o numa manjedoura, porque não havia lugar para eles na hospedaria.

(Evangelho de Lucas 2,4-7)

Quando se apresentou a nós uma das primeiras famílias sem-teto, os alojamentos já estavam repletos, e eu não sabia o que fazer. Então, tirei o Santíssimo Sacramento da sala que servia de capela para a missa e levei-o para o sótão; no seu lugar colocamos os berços das crianças e a cama dos pais. A quem me disse que não se devia fazer uma coisa dessas, respondi: "Acredito, do fundo do coração, que Jesus está presente na Eucaristia. Mas, se vocês lerem o Evangelho, verão que não é na Eucaristia que Jesus tem frio. Nesta noite, aqui na terra, Nosso Senhor tem frio no corpo, nas mãos destas crianças, deste pai e desta mãe que não têm onde dormir".

13

A fúria do amor

Estava próxima a Páscoa dos judeus; Jesus, então, subiu a Jerusalém. No templo, encontrou os que vendiam bois, ovelhas e pombas, e os cambistas nas suas bancas. Então fez um chicote com cordas e a todos expulsou do templo, juntamente com os bois e as ovelhas; jogou no chão o dinheiro dos cambistas e derrubou suas bancas, e aos vendedores de pombas disse: "Tirai daqui essas coisas. Não façais da casa de meu Pai um mercado"!

(Evangelho de João 2,13-16)

Os nossos métodos de educação são falsos na medida em que pretendem inculcar-nos a ideia de que a raiva é um mal. Se assim fosse, Nosso Senhor Jesus Cristo teria sido terrivelmente perverso quando gritou contra os vendedores do templo. Mal é, ao contrário, quando alguém usa a sua raiva em favor dos seus próprios interesses. Mal é não ser capaz de se encolerizar diante da injustiça, de ter muita fome e sede de justiça para se incendiar com aquela que chamo "a fúria do amor", que nos faz rebelar-nos diante da injustiça, principalmente diante da nossa, não por ódio, mas por paixão e por amor.

14

Abandonar a ilusão

[...] e um deles, chamado Cléofas, lhe disse: "És tu o único peregrino em Jerusalém que não sabe o que lá aconteceu nestes dias?" Ele perguntou: "Que foi?" Eles responderam: "O que aconteceu com Jesus, o Nazareno, que foi um profeta poderoso em obras e palavras diante de Deus e diante de todo o povo. Os sumos sacerdotes e as nossas autoridades o entregaram para ser condenado à morte e o crucificaram. Nós esperávamos que fosse ele quem libertaria Israel; mas, com tudo isso, já faz três dias que todas essas coisas aconteceram!"

(Evangelho de Lucas 24,18-21)

Nós nascemos na ilusão. Os discípulos de Emaús acreditaram que Jesus aceitaria tornar-se rei. Contudo, quatro dias depois assistem à sua agonia e à sua Paixão. A derrota é total, e eles se dispersam.

"Por que estão tristes?", pergunta-lhes um andarilho. "Tínhamos tanta esperança!". O andarilho e os discípulos partilham o pão. Então, ao reconhecê-lo, tornam-se o oposto daquilo que eram.

Para eles, tinha sido necessário passar pela desilusão (rejeição do ilusório) para que se tornasse possível o entusiasmo e desaparecesse o medo.

15

Deus, fonte de amor

E nós, que cremos, reconhecemos o amor que Deus tem para conosco. Deus é amor: quem permanece no amor, permanece em Deus, e Deus permanece nele. Nisto se realiza plenamente o seu amor para conosco: em que tenhamos firme confiança no dia do julgamento; pois assim como é Jesus, somos também nós neste mundo. No amor não há medo. Ao contrário, o perfeito amor lança fora o medo, pois o medo implica castigo, e aquele que tem medo não chegou à perfeição do amor. Nós amamos, porque ele nos amou primeiro.

(Primeira Carta de João 4,16-19)

Existe um grande poder, cheio de bondade, que sabe qual é o destino das coisas. Os cristãos o chamam "Deus". Eu prefiro não usar essa palavra sozinha, mas usar a expressão "Deus-Amor". Amor, porque, antes de tudo, é um dom que se oferece aos outros. Aqui está toda a diferença; é assim que Deus adquire todo o seu significado. Deus, fonte de vida, é Amor.

16

A companhia

Caminhando à beira do mar da Galileia, Jesus viu Simão e o irmão deste, André, lançando as redes ao mar, pois eram pescadores. Então disse-lhes: "Segui-me, e eu farei de vós pescadores de homens". E eles, imediatamente, deixaram as redes e o seguiram. Prosseguindo um pouco adiante, viu também Tiago, filho de Zebedeu, e seu irmão, João, consertando as redes no barco. Imediatamente, Jesus os chamou. E eles, deixando o pai Zebedeu no barco com os empregados, puseram-se a seguir Jesus.

(Evangelho de Marcos 1,16-20)

O caminho de toda a vida é povoado de pessoas. Não é um caminho no deserto. É um caminho entre inumeráveis seres humanos, que o percorrem ignorando, na maioria das vezes, as suas riquezas escondidas. Às vezes, graças a Deus, colhe-se um fruto inesperado. E se sabe, sempre graças a Deus, que são colhidos, por nossa vez, por mais de uma pessoa, também desconhecida. Até o dia em que será Deus quem colherá a sua flor antes que ela floresça totalmente.

17

Riqueza e solidão

"Quem é fiel nas pequenas coisas será fiel também nas grandes, e quem é injusto nas pequenas será injusto também nas grandes. Por isso, se não sois fiéis no uso do 'Dinheiro iníquo', quem vos confiará o verdadeiro bem? E se não sois fiéis no que é dos outros, quem vos dará aquilo que é vosso? Ninguém pode servir a dois senhores. Pois vai odiar a um e amar o outro, ou se apegar a um e desprezar o outro. Não podeis servir a Deus e ao 'Dinheiro'". Os fariseus, amigos do dinheiro, ouviam tudo isso e zombavam de Jesus. Então, ele lhes disse: "Vós gostais de parecer justos diante dos outros, mas Deus conhece vossos corações. Com efeito, o que as pessoas exaltam é detestável para Deus".

(Evangelho de Lucas 16,10-15)

Ao longo da minha vida, encontrei pessoas muito poderosas e outras muito pobres. Às vezes, constatei que algumas delas, muito ricas e famosas, sofriam de uma profunda solidão. Eram vítimas de uma espécie de morte, porque todas estavam concentradas em si mesmas. Cheias de medo, apesar da riqueza nunca tinham o suficiente, não sabiam ser gentis, nem se privar de alguma coisa pelos outros. A sua vida não tinha serventia. Por outro lado, conheci e conheço muitas pessoas que vivem de modo muito simples, que não se tornam notícia, cujo principal empenho é fazer o bem aos outros.

18

Por que há dor?

Em verdade, em verdade, vos digo: chorareis e lamentareis, mas o mundo se alegrará. Ficareis tristes, mas a vossa tristeza se transformará em alegria. A mulher, quando vai dar à luz, fica angustiada, porque chegou a sua hora. Mas depois que a criança nasceu, já não se lembra mais das dores, na alegria de um ser humano ter vindo ao mundo. Também vós agora sentis tristeza. Mas eu vos verei novamente, e o vosso coração se alegrará, e ninguém poderá tirar a vossa alegria. Naquele dia, não me perguntareis mais nada.

(Evangelho de João 16,20-23)

Por ocasião do naufrágio que vivenciei em 1963, à medida que tomava consciência da gravidade da situação, me perguntava sobre aquele imenso sofrimento. Por quê? Por que tanto sofrimento se abatia sobre pessoas inocentes? Em que medida Deus podia dar um sentido a tudo aquilo? E, como frequentemente acontece em momentos semelhantes àquele, tudo se tornou claro. Deus-Amor não quer o sofrimento. Jesus nos ensinou a doar a vida para ajudar os mais necessitados. Naquela catástrofe, uma grande solidariedade se pôs em movimento, e eu senti dentro de mim uma certeza: um grande poder cheio de bondade estava presente.

19

A verdadeira sabedoria

Quem dentre vós é sábio e inteligente? Mostre, por seu bom procedimento, que ele age com a mansidão que vem da sabedoria. Mas, se fomentais, no coração, amargo ciúme e rivalidade, não vos ufaneis disso, mas deixai de mentir contra a verdade. Essa não é a sabedoria que vem do alto. Ao contrário, é terrena, egoísta, demoníaca! Onde há inveja e rivalidade, aí estão as desordens e toda espécie de obras más. A sabedoria, porém, que vem do alto é, antes de tudo, pura, depois pacífica, modesta, conciliadora, cheia de misericórdia e de bons frutos, sem parcialidade e sem fingimento. O fruto da justiça é semeado na paz, para aqueles que promovem a paz.

(Carta de Tiago 3,13-18)

Sabedoria não significa "ser sábio", "não fazer idiotices". Ser sábio, ter inteligência é somente o fruto da sabedoria. A sabedoria verdadeira vem de "saber", da palavra latina *gustare*, isto é, "ter sabor", "sentir por meio do gosto". Sabedoria quer dizer: saborear como é belo se cansar para que outros possam se cansar menos, como é belo ter amado e poder, assim, encontrar a Deus.

20

Maria, nossa irmã

[...] o anjo Gabriel foi enviado por Deus a uma cidade da Galileia, chamada Nazaré, a uma virgem prometida em casamento a um homem de nome José, da casa de Davi. A virgem se chamava Maria. O anjo entrou onde ela estava e disse: "Alegra-te, cheia de graça! O Senhor está contigo". Ela perturbou-se com estas palavras e começou a pensar qual seria o significado da saudação. O anjo, então, disse: "Não tenhas medo, Maria! Encontraste graça junto a Deus. Conceberás e darás à luz um filho, e lhe porás o nome de Jesus. Ele será grande; será chamado Filho do Altíssimo".

(Evangelho de Lucas 1,26-32)

O Evangelho nos mostra Maria, uma mulher sem medo nem avidez, que surge no momento escolhido por Deus. Dela se sabe muito pouco. Sobre ela não foram pronunciadas senão poucas palavras; no entanto, poderia ser dito que, com Maria, foi mudada a ordem de todo o cosmos.

Não mais nos deixemos dominar pelo medo! A nossa irmã Maria é Mãe de Deus e mãe de todos aqueles que estão unidos a Deus, anjos e seres humanos.

21

Honestidade e partilha

As multidões lhe perguntavam: "Que devemos fazer?" João respondia: "Quem tiver duas túnicas, dê uma a quem não tem; e quem tiver comida, faça o mesmo!" Até alguns publicanos foram para o batismo e perguntaram: "Mestre, que devemos fazer?" Ele respondeu: "Não cobreis nada mais do que foi estabelecido". Alguns soldados também lhe perguntaram: "E nós, que devemos fazer?" João respondeu: "Não maltrateis a ninguém; não façais denúncias falsas e contentai-vos com o vosso salário".

(Evangelho de Lucas 3,10-14)

O que significa "partilhar"?

Há duas interpretações: a primeira é a que leva você a dividir o seu alimento e oferecer ajuda a alguém que não tem o que comer; mas a verdadeira partilha é quando você faz bem o próprio trabalho. Pouco interessa que você esteja num nível elevado ou modesto da sociedade. Você deve ser honesto, como o sapateiro que conserta bem os sapatos, ou como o advogado que defende egregiamente os seus clientes. Partilha implica honestidade.

22

Combater a tentação

Jesus foi conduzido ao deserto pelo Espírito, para ser posto à prova pelo diabo. Ele jejuou durante quarenta dias e quarenta noites. Depois, teve fome. O tentador aproximou-se e disse-lhe: "Se és Filho de Deus, manda que estas pedras se transformem em pães!" Ele respondeu: "Está escrito: Não se vive somente de pão, mas de toda palavra que sai da boca de Deus".

(Evangelho de Mateus 4,1-4)

Nós, seres humanos, temos em nosso interior dois polos: o do bem e o do mal, e cada um deles exerce uma atração. Como resistir ao mal? No decorrer da minha vida, eu encontrei o apoio da adoração, da oração sob todas as suas formas. Para lutar contra o mal, a adoração é o mistério absoluto. A experiência demonstra que, quando se tem fé, também o sentimento eucarístico, que comporta o perdão, transmite uma grande força e representa uma grande ajuda. A Eucaristia e a oração de adoração constituem dois grandes apoios para o ser humano, com a condição de que se tenha esse dom.

23

A loucura do cristão

[...] a vós que me escutais, eu digo: amai os vossos inimigos e fazei o bem aos que vos odeiam. Falai bem dos que falam mal de vós e orai por aqueles que vos caluniam. Se alguém te bater numa face, oferece também a outra. E se alguém tomar o teu manto, deixa levar também a túnica. Dá a quem te pedir e, se alguém tirar do que é teu, não peças de volta. Assim como desejais que os outros vos tratem, tratai-os do mesmo modo.

(Evangelho de Lucas 6,27-31)

O Evangelho inteiro, todo Jesus, é muito mais que um simples apelo para o *bom comportamento* que nos torna *pessoas corretas*. É muito mais que um ensinamento de moral natural, por mais iluminada e fiel que seja. É uma *loucura* para aqueles que, desde o tempo dos primeiros discípulos até hoje, quiseram correr o risco de levar a sério todo o Evangelho. Aquilo que distingue o cristão com a sua *loucura* do sábio com a sua *razão*, aquilo que testemunha que, onde há um verdadeiro cristão, aí está Deus, é o fato de que o pobre não está mais abandonado.

24

O bem é contagioso

[...] Entendeis o que eu vos fiz? Vós me chamais de Mestre e Senhor; e dizeis bem, porque sou. Se eu, o Senhor e Mestre, vos lavei os pés, também vós deveis lavar os pés uns dos outros. Dei-vos o exemplo, para que façais assim como eu fiz para vós. Em verdade, em verdade, vos digo: o servo não é maior do que seu senhor, e o enviado não é maior do que aquele que o enviou. Já que sabeis disso, sereis felizes se o puserdes em prática.

(Evangelho de João 13,12-17)

Os erros se comunicam rapidamente e por toda parte. Mas o fato extraordinário é que também se propagam, do mesmo modo, os efeitos do bem. Existem maravilhosos exemplos, de diversas grandezas, que demonstram não somente que nem sempre escolhemos o caminho mais fácil – o caminho que satisfaz as exigências mais egoístas – e que cada vez mais frequentemente nós estamos dispostos a realizar uma escolha orientada pelo amor, como também, na realidade, tais exemplos são muito contagiosos. É uma forma esplêndida de contágio, que faz com que a bondade e a alegria se propaguem a uma velocidade inacreditável.

25

A morte como encontro

Não se perturbe o vosso coração! Credes em Deus, crede também em mim. Na casa de meu Pai há muitas moradas. Não fosse assim, eu vos teria dito. Vou preparar um lugar para vós. E depois que eu tiver ido e preparado um lugar para vós, voltarei e vos levarei comigo, a fim de que, onde eu estiver, estejais vós também. E para onde eu vou, conheceis o caminho.

(Evangelho de João 14,1-4)

Sei que a ausência das pessoas que amamos é dolorosa, mas a morte delas, presenciada por mim, sempre me pareceu um momento de realização, o momento em que Deus colhia a sua flor.

São numerosas as pessoas que experimentam a morte como uma separação. Sim, é uma separação para nós que ficamos, mas para quem morre a morte representa a realização do encontro mais fantástico que se possa imaginar: o encontro com Deus e, ao mesmo tempo, o encontro com a imensidão de seres humanos que viveram antes de nós.

26

Deus e a Palavra

No princípio era a Palavra, e a Palavra estava junto de Deus, e a Palavra era Deus. Ela existia, no princípio, junto de Deus. Tudo foi feito por meio dela, e sem ela nada foi feito de tudo o que existe. Nela estava a vida e a vida era a luz dos homens. E a luz brilha nas trevas, e as trevas não conseguiram dominá-la.

(Evangelho de João 1,1-5)

Deus está aqui. Ele existe, é eterno e pessoal. Mas não é suficiente. É Pai. Como Pai, ele gera a Palavra, e esta Palavra, plenitude da sua mesma imagem, não pode amá-lo a não ser com um amor infinito. Então, no respiro de uma comunhão recíproca entre o Pai e a Palavra que se amam, brota no imutável a realidade do Espírito Santo. Espírito, isto é, sopro, realidade que não existe se para de se mover (e de mover tudo). O sopro do Espírito nasce do amor do Pai pela Palavra e do amor da Palavra pelo Pai.

27

Liberdade no amor

Sim, irmãos, fostes chamados para a liberdade. Porém, não façais da liberdade um pretexto para servirdes à carne. Pelo contrário, fazei-vos servos uns dos outros, pelo amor. Pois toda a lei se resume neste único mandamento: "Amarás o teu próximo como a ti mesmo". Mas se vos mordeis e vos devorais uns aos outros, cuidado para não serdes consumidos uns pelos outros!

(Carta aos Gálatas 5,13-15)

Sem liberdade, o ser humano não é mais ser humano. Aquilo que nele há de mais sagrado, aquilo que nele é sobremaneira imagem de Deus é profanado. Porque a liberdade é aquele esplendor sem o qual o ser humano não é ser humano; se fizermos dela um mero fim, não poderá senão levar ao desespero. A verdadeira grandeza da liberdade é de ser, ao contrário, o meio sagrado, divino, insubstituível dado por Deus à criatura espiritual, para torná-la capaz de amar. A sua única razão de ser é para que o ser humano possa voluntariamente, livremente, fazer-se servo do amor.

28

O direito de mudar

"Moisés, na Lei, nos mandou apedrejar tais mulheres. E tu, que dizes?" Eles perguntavam isso para experimentá-lo e ter motivo para acusá-lo. Mas Jesus, inclinando-se, começou a escrever no chão, com o dedo. Como insistissem em perguntar, Jesus ergueu-se e disse: "Quem dentre vós não tiver pecado, atire a primeira pedra!" Inclinando-se de novo, continuou a escrever no chão. Ouvindo isso, foram saindo um por um, a começar pelos mais velhos. Jesus ficou sozinho com a mulher que estava no meio, em pé. Ele levantou-se e disse: "Mulher, onde estão eles? Ninguém te condenou?" Ela respondeu: "Ninguém, Senhor!" Jesus, então, lhe disse: "Eu também não te condeno. Vai, e de agora em diante não peques mais".

(Evangelho de João 8,5-11)

Sempre combati a pena de morte. Deus-Amor, fonte de vida, é o único que pode chamar-nos para junto dele. Com que direito poderíamos decidir sobre a morte de alguém? Cada um traz consigo o segredo da sua vida e tem o dever, quando comete um erro, de se empenhar para repará-lo. E cada um tem o direito de ter oportunidade para continuar a sua vida de outro modo.

29

Encontrar refúgio no Pai

E, começando por Moisés e passando por todos os Profetas, explicou-lhes, em todas as Escrituras, as passagens que se referiam a ele. Quando chegaram perto do povoado para onde iam, ele fez de conta que ia adiante. Eles, porém, insistiram: "Fica conosco, pois já é tarde e a noite vem chegando!" Ele entrou para ficar com eles. Depois que se sentou à mesa com eles, tomou o pão, pronunciou a bênção, partiu-o e deu a eles. Neste momento, seus olhos se abriram, e eles o reconheceram.

(Evangelho de Lucas 24,27-31)

Em certos períodos nebulosos, quando não se compreende mais nada daquilo que todos devem saber, quando se duvida de si mesmo e de tudo, o refúgio é o nosso Pai, que nos ama e que tudo pode. Como a criança que não duvida do poder e do amor de seu pai, eu posso repousar a cabeça em seu ombro. Posso também, com a mão na sua mão, avançar sem medo, fazendo tudo aquilo que estiver ao meu alcance, sabendo que, ao fazer o melhor que eu possa, e ainda que tenha de cumprir alguma etapa para a qual não mais tenho forças, o Senhor me tomará nos seus braços, se eu houver sido verdadeiramente seu filho.

30

A força da confiança

Quando os discípulos o viram andando sobre o mar, ficaram apavorados e disseram: "É um fantasma". E gritaram de medo. Mas Jesus logo lhes falou: "Coragem! Sou eu. Não tenhais medo!" Então Pedro lhe disse: "Senhor, se és tu, manda-me ir ao teu encontro, caminhando sobre a água". Ele respondeu: "Vem!" Pedro desceu do barco e começou a andar sobre a água, em direção a Jesus. Mas, sentindo o vento, ficou com medo e, começando a afundar, gritou: "Senhor, salva-me!" Jesus logo estendeu a mão, segurou-o e lhe disse: "Homem de pouca fé, por que duvidaste?"

(Evangelho de Mateus 14,26-31)

Não se pode dizer verdadeiramente "creio" se não se tem confiança. A natureza da fé é justamente esta. Não pode ser a conclusão de um raciocínio lógico, mas um ato de amor. Chega o momento em que, como no caso do amor humano, é preciso lançar-se na água, aceitar os riscos, ter verdadeiramente confiança. Sem demora.

31

O perdão não tem sentido único

Ora, eu vos digo: todo aquele que tratar seu irmão com raiva deverá responder no tribunal; quem disser ao seu irmão "imbecil" deverá responder perante o sinédrio; quem chamar seu irmão de "louco" poderá ser condenado ao fogo do inferno. Portanto, quando estiveres levando a tua oferenda ao altar e ali te lembrares que teu irmão tem algo contra ti, deixa a tua oferenda diante do altar e vai primeiro reconciliar-te com teu irmão. Só então, vai apresentar a tua oferenda.

(Evangelho de Mateus 5,22-24)

É possível dar realmente o nosso perdão à pessoa que nos ofendeu, se ao mesmo tempo não dissermos, com muita franqueza, como um irmão ao irmão, que nós fomos, sem dúvida, um pouco a causa da ofensa que ela pode ter-nos feito? Se você não me amou o suficiente, não é porque não fui suficientemente amável?

Ninguém pode dizer que perdoou se não pediu, ao mesmo tempo, perdão ao seu irmão. Somente Deus pode perdoar sem ter que pedir perdão. Mediante o perdão pedido aos nossos irmãos expressamos o perdão que pedimos ao Pai.

32

A verdade como dom aos seres humanos

"Eu sou o bom pastor. Conheço as minhas ovelhas e elas me conhecem, assim como o Pai me conhece e eu conheço o Pai. Eu dou minha vida pelas ovelhas. Tenho ainda outras ovelhas, que não são deste redil; também a essas devo conduzir, e elas escutarão a minha voz, e haverá um só rebanho e um só pastor. É por isso que o Pai me ama: porque dou a minha vida. E assim, eu a recebo de novo. Ninguém me tira a vida, mas eu a dou por própria vontade. Eu tenho poder de dá-la, como tenho poder de recebê-la de novo. Tal é o encargo que recebi do meu Pai." Estas palavras causaram nova divisão entre os judeus. Muitos deles diziam: "Ele tem um demônio, perdeu o juízo. Por que o escutais?".

(Evangelho de João 10,14-20)

Jesus veio à terra não para se fazer crucificar. Fez-se maltratar pelas mesmas pessoas pelas quais se sacrificou, justamente porque ele lhes permitiu. As pessoas o rejeitaram porque ele lhes disse a verdade; por isso, elas desejaram o seu fim.

Mas ele veio por isso: chegou para se doar, e provou-o o fato de que ele aceitou a condição humana.

33

A humanidade é una

Antes que se inaugurasse o regime da fé, nós éramos guardados, como prisioneiros, sob o jugo da Lei. Éramos guardados para o regime da fé que estava para ser revelado. Assim, a Lei foi como um educador que nos conduziu até Cristo, para que fôssemos justificados pela fé. Mas, uma vez inaugurado o regime da fé, já não estamos na dependência desse educador. Com efeito, vós todos sois filhos de Deus pela fé no Cristo Jesus. Vós todos que fostes batizados em Cristo vos revestistes de Cristo. Não há mais judeu ou grego, escravo ou livre, homem ou mulher, pois todos vós sois um só, em Cristo Jesus.

(Carta aos Gálatas 3,23-28)

A fraternidade é o laço que une todos os seres humanos que se reconhecem como irmãos na grande família da humanidade. Uma vez que todos os seres humanos têm o mesmo Criador e Pai, são irmãos. Essa fraternidade humana universal, que permeia toda a Bíblia, liga entre si os seres humanos com muito mais vigor do que as divisões que já produziram devastações. Encontra o seu êxito no Cristianismo, que a coloca em primeiro plano, fazendo dela um dos dogmas fundamentais, do qual deriva a nova ética que aboliu toda distinção de raça, de cor, de tribo, de língua.

34

A ternura de Deus

Vinde a mim, todos vós que estais cansados e carregados de fardos, e eu vos darei descanso. Tomai sobre vós o meu jugo e sede discípulos meus, porque sou manso e humilde de coração, e encontrareis descanso para vós. Pois o meu jugo é suave e o meu fardo é leve.

(Evangelho de Mateus 11,28-30)

Estejamos alertas contra os medos e as ilusões. Mesmo que muitas vezes tenhamos a impressão de que a ternura de Deus é lenta, ela chega sempre a tempo, para nos fazer superar os momentos de desânimo e prosseguir no nosso caminho. Não diz respeito somente àquelas pessoas que emitem os votos, mas se realizam de mil modos, também na vida de quem quer que se coloque na busca da maior perfeição possível. A ternura de Deus é a nossa luz, a nossa força.

35

Encontrar o Amor

Voltando-se para a mulher, disse a Simão: "Estás vendo esta mulher? Quando entrei na tua casa, não me ofereceste água para lavar os pés; ela, porém, lavou meus pés com lágrimas e os enxugou com seus cabelos. Não me beijaste; ela, porém, desde que cheguei, não parou de beijar meus pés. Não derramaste óleo na minha cabeça; ela, porém, ungiu meus pés com perfume. Por isso te digo: os muitos pecados que ela cometeu estão perdoados, pois ela mostrou muito amor. Aquele, porém, a quem menos se perdoa, ama menos". Em seguida, disse à mulher: "Teus pecados estão perdoados".

(Evangelho de Lucas 7,44-48)

Para mim, é uma evidência que, por mais imperfeitos e por menores que sejamos, todos podemos ser chamados a servir. Todos, apesar das nossas misérias, podemos nos encontrar na situação de ser, de modo obscuro ou de modo clamoroso, reveladores na multidão das pessoas próximas ou muito distantes de nós, no mundo. Reveladores do *por que viver*, independentemente dos nossos méritos, reveladores daquele encontro certo com o Amor absoluto que sacia a fome que grita dentro de nós.

36

Arriscar para ser verdadeiro

Pedro, então, disse: "Olha, nós deixamos os nossos bens e te seguimos". Jesus respondeu: "Em verdade vos digo: todo aquele que tiver deixado casa, mulher, irmão, pais ou filhos por causa do Reino de Deus, receberá muitas vezes mais no presente e, no mundo futuro, a vida eterna". Chamando de lado os Doze, disse-lhes: "Vede, estamos subindo para Jerusalém, e vai se cumprir tudo o que foi escrito pelos profetas sobre o Filho do Homem. Ele será entregue aos gentios, zombarão dele, o insultarão e nele cuspirão. Depois de o açoitar, vão matá-lo, mas no terceiro dia, ressuscitará".

(Evangelho de Lucas 18,28-33)

Fazer o próprio ofício de ser humano significa, às vezes, aceitar o risco de nos expor, de nos deixar, em parte, despojar de nós mesmos, dos sofrimentos que nos rodeiam. Muitos homens e muitas mulheres aceitam esse risco para servir os outros. A seu modo, obscuramente. Na realidade, sei, por experiência, que para isso se é levado, quase impelido; é alguma coisa que nos acontece, e está em nós sair ou decidir não voltar atrás. A originalidade do ser humano consiste no fato de ser livre, e ele esbanjaria a própria liberdade se não assumisse riscos.

37

Um amigo presente

Vós sois meus amigos, se fizerdes o que vos mando. Já não vos chamo servos, porque o servo não sabe o que faz o seu Senhor. Eu vos chamo amigos, porque vos dei a conhecer tudo o que ouvi de meu Pai. Não fostes vós que me escolhestes; fui eu que vos escolhi e vos designei, para dardes fruto e para que o vosso fruto permaneça. Assim, tudo o que pedirdes ao Pai, em meu nome, ele vos dará. O que eu vos mando é que vos ameis uns aos outros.

(Evangelho de João 15,14-17)

Deus é alguém. Muito além das superstições daqueles que dizem "Deus de bondade", "Deus de justiça", "Deus nosso" etc., muito além das concepções glaciais de um Deus terrível, grande e distante, a Revelação se manifesta! Produz-se em nós e fora de nós. Ela nos diz que o Eterno existe e que é, sim, verdadeiramente Alguém com quem se pode estabelecer um diálogo. Ele é o amigo que eu procurava em vão entre os seres humanos, meus irmãos, e que me elevará à altura exigida por aquela piedade imensa que eu, com as minhas únicas forças de ser humano, não sou absolutamente capaz de alcançar.

38

Reconhecer a nossa impotência

[...] não entendo o que faço, pois não faço o que quero, mas o que detesto. Ora, se faço o que não quero, estou concordando que a Lei é boa. No caso, já não sou eu que estou agindo, mas sim o pecado que habita em mim. De fato, estou ciente de que o bem não habita em mim, isto é, na minha carne. Pois querer o bem está ao meu alcance, não, porém, realizá-lo. Não faço o bem que quero, mas faço o mal que não quero. Ora, se faço aquilo que não quero, então já não sou eu que estou agindo, mas o pecado que habita em mim. Portanto, descubro em mim esta lei: quando quero fazer o bem, é o mal que se me apresenta.

(Carta aos Romanos 7,15-21)

Aquela angústia expressa pelo lamento de São Paulo é a nossa angústia, o nosso sofrimento. Vemos que é uma vergonha, um sinal de estupidez e vileza acreditar que é possível ser feliz sem os outros..., mas não somos capazes de elevar-nos sozinhos àquele anseio de perfeição, ao qual, no entanto, não é possível nos subtrairmos. Porque fugir dele produz desventura, revoltas e catástrofes.

Mas pensamos, na nossa angústia, que o ser humano não é nem órfão nem apátrida.

39

A centelha do amor

Naquela mesma hora, ele exultou no Espírito Santo e disse: "Eu te louvo, Pai, Senhor do céu e da terra, porque escondeste essas coisas aos sábios e entendidos e as revelaste aos pequeninos. Sim, Pai, assim foi do teu agrado. Tudo me foi entregue por meu Pai, e ninguém conhece o Filho, a não ser o Pai; e ninguém conhece o Pai, a não ser o Filho e aquele a quem o Filho o quiser revelar".

(Evangelho de Lucas 10,21-22)

Se você tivesse lido os livros de todas as bibliotecas teológicas do mundo, você teria ideias sobre Deus, mas não teria encontrado Deus. O professor de teologia mais douto do mundo que nunca tenha tido a ocasião de se aventurar no risco do amor, compartilhando o sofrimento do outro, para que este sofresse menos, não conhece a Deus. Se você não sentir essa emoção, essa centelha que, por um momento, colocou fogo no seu coração, tudo aquilo que você estudar no seu catecismo e nos manuais de teologia será apenas vento!

40

Maria, rainha da esperança

Maria então disse: "A minha alma engrandece o Senhor, e meu espírito se alegra em Deus, meu Salvador, porque ele olhou para a humildade de sua serva. Todas as gerações, de agora em diante, me chamarão feliz, porque o Poderoso fez em mim coisas grandiosas. O seu nome é santo, e sua misericórdia se estende de geração em geração sobre aqueles que o temem. Ele mostrou a força de seu braço: dispersou os que têm planos orgulhosos no coração. Derrubou os poderosos de seus tronos e exaltou os humildes. Encheu de bens os famintos, e mandou embora os ricos de mãos vazias. Acolheu Israel, seu servo, lembrando-se de sua misericórdia, conforme prometera a nossos pais, em favor de Abraão e de sua descendência para sempre".

(Evangelho de Lucas 1,46-55)

Rainha da assembleia que forma a Igreja, tu és, Maria, rainha de todos aqueles que querem lutar para amar. Em ti, a esperança, com a fé, nunca faltou no amor de teu Filho, no amor de todos. Nas horas em que sobrevier o desânimo, quando a tentação do desespero nos abater, faze com que o nosso olhar se volte para ti!

41

Felizes os perseguidos

Felizes os que choram, porque serão consolados. Felizes os mansos, porque receberão a terra em herança. Felizes os que têm fome e sede da justiça, porque serão saciados. Felizes os misericordiosos, porque alcançarão misericórdia. Felizes os puros de coração, porque verão a Deus. Felizes os que promovem a paz, porque serão chamados filhos de Deus. Felizes os que são perseguidos por causa da justiça, porque deles é o Reino dos Céus. Felizes sois vós quando vos injuriarem e perseguirem e, mentindo, disserem todo mal contra vós por causa de mim. Alegrai-vos e exultai, porque é grande a vossa recompensa nos céus.

(Evangelho de Mateus 5,4-12)

O Reino dos céus existiu desde o dia em que, no encontro de três seres humanos, o mais forte quis se aproveitar do mais fraco, e o terceiro se intrometeu dizendo: "Não, não faça isso! Não é certo!". Existiu desde então, porque o terceiro aceitou dar-se inteiramente, por não suportar ser feliz sem os outros, por não suportar a injustiça.

42

A missão da Igreja

Os onze discípulos voltaram à Galileia, à montanha que Jesus lhes tinha indicado. Quando o viram, prostraram-se; mas alguns tiveram dúvida. Jesus se aproximou deles e disse: "Foi-me dada toda a autoridade no céu e na terra. Ide, pois, fazer discípulos entre todas as nações, e batizai-os em nome do Pai, do Filho e do Espírito Santo. Ensinai-lhes a observar tudo o que vos tenho ordenado. Eis que estou convosco todos os dias, até o fim dos tempos".

(Evangelho de Mateus 28,16-20)

Jesus confiou expressamente, a todos por ele chamados, a missão de tornar crível o fato de que o Eterno é Amor. O padre é o sucessor de todos os que foram escolhidos então. "Padre" significa "ancião", "velho", e São Paulo reunia os anciãos.

Aos poucos se começou a consagrar como anciãos também os jovens.

O padre de amanhã deverá ser agente de contágio. Para mim, ele tem a tarefa de fazer chegar a Eucaristia ao mundo. "Eucaristia" significa "ação de graças": o padre deve ser o animador que faz ressoar o canto de *ação de graças* da criação para com o Criador.

43

Fé é amor

Marta, então, disse a Jesus: "Senhor, se tivesses estado aqui, meu irmão não teria morrido. Mesmo assim, eu sei que o que pedires a Deus, ele te concederá". Jesus respondeu: "Teu irmão ressuscitará". Marta disse: "Eu sei que ele vai ressuscitar, na ressurreição do último dia". Jesus disse então: "Eu sou a ressurreição e a vida. Quem crê em mim, ainda que tenha morrido, viverá. E todo aquele que vive e crê em mim, não morrerá jamais. Crês nisto?" Ela respondeu: "Sim, Senhor, eu creio firmemente que tu és o Cristo, o Filho de Deus, aquele que deve vir ao mundo".

(Evangelho de João 11,21-27)

Alguns afirmam: "Não acredito em Deus". Penso que são somente fórmulas das quais precisamos nos desvincular de modo absoluto. Não podemos não acreditar no *ser*. Ele é. E além de todo limite. É um ponto certo da razão. Uma coisa diferente é a fé. Acredito que é essencialmente um ato de amor. Por outro lado, se reduz a alguma coisa de extremamente sutil. É o instante em que se diz "sim" à percepção daquilo que este *ser* infinito nos chama para amar.

44

A espada da palavra

Não penseis que vim trazer paz à terra! Não vim trazer paz, mas sim, a espada. De fato, eu vim pôr oposição entre o filho e seu pai, a filha e sua mãe, a nora e sua sogra; e os inimigos serão os próprios familiares. Quem ama pai ou mãe mais do que a mim, não é digno de mim. E quem ama filho ou filha mais do que a mim não é digno de mim. E quem não toma a sua cruz e não me segue, não é digno de mim.

(Evangelho de Mateus 10,34-38)

Em muitas passagens da Bíblia fala-se da *palavra* como *espada*. Jesus a usará desde o seu ingresso na vida pública. Os golpes não nos poupam e nos ferem intimamente: "Quem ama pai ou mãe mais do que a mim, não é digno de mim". Como este *eu*, que quer tudo, poderia não parecer uma pretensão repugnante para aqueles que não creem na presença do Verbo nele, ou que não sabem nada sobre ele? Mas, tanto para o cristão como para o não cristão, tudo se esclarece quando aquele *eu*, Jesus, se identifica com os mais fracos e sofredores. A sua espada fere, mas é instrumento de salvação.

45

Abrir-nos para quem tem necessidade

Nisto sabemos o que é o amor: Jesus deu a vida por nós. Portanto, também nós devemos dar a vida pelos irmãos. Se alguém possui riquezas neste mundo e vê o seu irmão passar necessidade, mas diante dele fecha o seu coração, como pode o amor de Deus permanecer nele? Filhinhos, não amemos só com palavras e de boca, mas com ações e de verdade! Aí está o critério para saber que somos da verdade; e com isto tranquilizaremos na presença dele o nosso coração. Se o nosso coração nos acusa, Deus é maior que o nosso coração e conhece todas as coisas.

(Primeira Carta de João 3,16-20)

A Igreja é a comunidade daqueles que lutam para serem fiéis ao Evangelho. O Senhor, que quer a salvação dos ricos e dos pobres, não escolheu fundar uma Igreja que fosse comunidade de boas pessoas ricas que acolhem e fazem bem aos pobres. Escolheu criar uma comunidade de pobres aberta aos ricos, que os acolhe não necessariamente para dizer-lhes que abandonem tudo, mas para perguntar como empregam os seus privilégios: para o seu prazer pessoal? Ou para apressar a libertação dos oprimidos e dos esquecidos?

46

O Reino de Deus não é deste mundo

Pilatos entrou, de volta, no palácio, chamou Jesus e perguntou-lhe: "Tu és o Rei dos judeus?" Jesus respondeu: "Estás dizendo isto por ti mesmo, ou outros te disseram isso de mim?" Pilatos respondeu: "Acaso sou eu judeu? Teu povo e os sumos sacerdotes te entregaram a mim. Que fizeste?". Jesus respondeu: "O meu reino não é deste mundo. Se o meu reino fosse deste mundo, os meus guardas lutariam para que eu não fosse entregue aos judeus. Mas, o meu reino não é daqui".

(Evangelho de João 18,33-36)

Sabemos que nosso Pai está além deste universo, que é de uma natureza completamente diferente daquilo que nos foi concedido ver, de tudo aquilo que podemos conhecer. Dizer que está "nos céus" significa usar uma imagem que expressa aquilo que vivemos com a nossa fé, a qual revela ao nosso pobre olhar, de vez em quando, trevas e esplendor. "Os céus", no estado atual do nosso conhecimento, constituem a imagem do infinito.

47

Condenados a serem autossuficientes

Se alguém ouve as minhas palavras e não as observa, não sou eu que o julgo, porque vim não para julgar o mundo, mas para salvá-lo. Quem me rejeita e não acolhe as minhas palavras já tem quem o julgue: a palavra que eu falei o julgará no último dia. Porque eu não falei por conta própria, mas o Pai que me enviou, ele é quem me ordenou o que devo dizer e falar. E eu sei: o que ele ordena é vida eterna.

(Evangelho de João 12,47-50)

Não sei o que pensar do impensável inferno. Nunca houve uma declaração da Igreja sobre a condenação, nem mesmo a respeito de Judas. Para mim, ser condenado não é sofrer a sanção de um juízo, mas é, saindo da sombra, ver-se da forma como se foi feito.

Se você quis ser *autossuficiente*, dado que quis ser suficiente a si mesmo, será condenado a ser suficiente a si mesmo no sempre do além do tempo.

48

A majestade da criação

No princípio, Deus criou o céu e a terra. A terra estava deserta e vazia, as trevas cobriam o abismo e o Espírito de Deus pairava sobre as águas. Deus disse: "Faça-se a luz"! E a luz se fez. Deus viu que a luz era boa. Deus separou a luz das trevas. À luz Deus chamou "dia" e às trevas chamou "noite". Houve uma tarde e uma manhã: o primeiro dia. Deus disse: "Faça-se o firmamento entre as águas, separando umas das outras". E Deus fez um firmamento. Separou as águas debaixo do firmamento, das águas acima do firmamento. E assim se fez. Ao firmamento Deus chamou "céu".

(Livro do Gênesis 1,1-8)

A paz silenciosa da montanha e do deserto – lugares nos quais tive a felicidade de passar muito tempo – nos permite penetrar no coração daqueles que podemos chamar "os mistérios da criação". Esta nos recorda que o mistério é a única alternativa para o absurdo. Devemos conservar os olhos abertos diante da majestade da noite, na qual brilham as estrelas, diante da grandeza do gelo, diante da beleza de uma obra de arte. Talvez tenhamos sido, um dia, como que cegados pelo esplendor do mundo, para não mais podermos deixar de dar importância a esses momentos maravilhosos, para sabermos reencontrá-los e podermos recordá-los.

49

A promessa de Cristo

Jesus respondeu-lhes: "Chegou a hora em que o Filho do Homem vai ser glorificado. Em verdade, em verdade, vos digo: se o grão de trigo que cai na terra não morre, fica só. Mas, se morre, produz muito fruto. Quem se apega à sua vida, perde-a; mas quem não faz conta de sua vida neste mundo, há de guardá-la para a vida eterna. Se alguém quer me servir, siga-me, e onde eu estiver, estará também aquele que me serve. Se alguém me serve, meu Pai o honrará.

(Evangelho de João 12,23-26)

Quando damos as mãos aos pobres, encontramos a mão de Deus em nossa própria mão. Graças a essa certeza, apesar dos meus remorsos e das minhas saudades, não tenho medo de morrer. Na minha alma não sinto angústia diante do pensamento da morte, mas uma grande serenidade, como diante do encontro com um velho amigo. Tenho confiança na promessa de Jesus e estou convencido de que, depois da morte, conheceremos outra vida, protegida pela luz de Deus-Amor.

50

Lei e vida

Num sábado, Jesus estava passando pelas plantações de trigo, e os discípulos arrancavam as espigas, debulhavam e comiam. Alguns fariseus disseram: "Por que fazeis o que não é permitido em dia de sábado?" Jesus respondeu-lhes: "Nunca lestes o que fez Davi, quando ele teve fome, e seus companheiros também? Ele entrou na casa de Deus, pegou os pães da oferenda, comeu e ainda deu aos seus companheiros esses pães, que só aos sacerdotes era permitido comer". E acrescentou: "O Filho do Homem é Senhor também do sábado".

(Evangelho de Lucas 6,1-5)

A fonte radical, absoluta, de todos os direitos é a necessidade do ser humano de ter à sua disposição os meios para cumprir o seu dever, isto é, dar glória ao Criador, levando à perfeição todo o seu ser. Todos os direitos se fundamentam sobre esse dever de se aperfeiçoar para a glória de Deus. Já não significam muito quando são reivindicados como um fim em si, baseado puramente no ser humano, como se além deste não houvesse nada, como se ele nada significasse. É a vida que deve criar a lei, não a lei imobilizar a vida.

51

O propósito da liberdade

[...] o Senhor é o Espírito, e onde está o Espírito do Senhor, aí está a liberdade. Todos nós, porém, com o rosto descoberto, refletimos a glória do Senhor e, segundo esta imagem, somos transformados, de glória em glória, pelo Espírito do Senhor. Por isso, não desanimamos no exercício deste ministério que recebemos da misericórdia divina. Rejeitamos todo procedimento dissimulado e indigno, feito de astúcias, e não falsificamos a palavra de Deus. Pelo contrário, manifestamos a verdade e, assim, nos recomendamos a toda consciência humana, diante de Deus.

(Segunda Carta aos Coríntios 3,17–4,2)

Diversamente daquilo que se pensa, uma pessoa é dotada daquilo que definimos como liberdade, apesar de ser constituída de apenas algumas dezenas de quilos de humanidade. Ela tem liberdade de construir ídolos ou de amar. Diante do dever de viver, qual é o propósito da liberdade? O seu propósito é o empenho necessário para aprender a amar. E essa obrigação de aprender a amar fundamenta o seu direito, o direito de cada um de pretender obter os meios adequados para cumprir o próprio dever de viver.

52

Dar a própria vida

Jesus, porém, chamou-os e disse: "Sabeis que os chefes das nações as dominam e os grandes fazem sentir seu poder. Entre vós não deverá ser assim. Quem quiser ser o maior entre vós seja aquele que vos serve, e quem quiser ser o primeiro entre vós, seja vosso escravo. Pois o Filho do Homem não veio para ser servido, mas para servir e dar a vida em favor por muitos".

(Evangelho de Mateus 20,25-28)

Essa noção de favor, que foi submetida a várias interpretações, corresponde, no meu entender, às palavras da vítima que diz ao ladrão: "Aquilo que você me roubou tem um valor imenso. Se você restituir o que você me tirou, eu me empenharei para que você volte a ser você mesmo, como uma tomada que é religada. No momento em que você cometeu o crime, você se tornou escravo das próprias perturbações interiores. Para que você fique livre, eu – a vítima – me ofereço a você; assim, você poderá voltar a ser você mesmo e reencontrar seu próprio lugar na minha casa".

53

A glória de Deus

Assim Jesus falou, e elevando os olhos ao céu, disse: "Pai, chegou a hora. Glorifica teu Filho, para que teu Filho te glorifique, assim como deste a ele poder sobre todos, a fim de que dê vida eterna a todos os que lhe deste. (Esta é a vida eterna: que conheçam a ti, o Deus único e verdadeiro, e a Jesus Cristo, aquele que enviaste.) Eu te glorifiquei na terra, realizando a obra que me deste para fazer. E agora, Pai, glorifica-me junto de ti mesmo, com a glória que eu tinha, junto de ti, antes que o mundo existisse. Manifestei o teu nome aos homens que, do mundo, me deste. Eles eram teus e tu os deste a mim; e eles guardaram a tua palavra.

(Evangelho de João 17,1-6)

A glória de Deus é ser, porque ele é Pai, como dizemos comumente, e entre Pai e Palavra exala-se o sopro do amor recíproco. A sua glória é ser o Amor reconhecido por amor. E o nosso único fim é atingir a plenitude do amor.

54

Eu sou

Moisés disse a Deus: "Mas, se eu for aos israelitas e lhes disser: 'O Deus de vossos pais enviou-me a vós', e eles me perguntarem: 'Qual é o seu nome?', que devo responder?" Deus disse a Moisés: "Eu sou aquele que sou". E acrescentou: "Assim responderás aos israelitas: 'Eu sou' envia-me a vós". Deus disse ainda a Moisés: "Assim dirás aos israelitas: O Senhor, o Deus de vossos pais, o Deus de Abraão, Deus de Isaac e Deus de Jacó, enviou-me a vós. Este é o meu nome para sempre, e assim serei lembrado de geração em geração".

(Êxodo 3,13-15)

A Bíblia nos revela que Moisés, um pastor sem poder, ao ouvir uma voz proveniente da sarça ardente, talvez uma inspiração interior que o intimou a libertar o povo hebreu, perguntou-se o que poderia responder quando o povo lhe perguntasse o nome de Deus. Deus diz: "Eu sou aquele que sou"; depois acrescenta: "Dirás aos israelitas: 'Eu sou' envia-me a vós". *Javé* em hebraico significa justamente "Eu sou" ou "Aquele que é". O Eterno é verdadeiramente indefinível!

55

Contra o sofrimento, a esperança

Assim, pois, justificados pela fé, estamos em paz com Deus, por nosso Senhor Jesus Cristo. Por ele, não só tivemos acesso, pela fé, a esta graça na qual estamos firmes, mas ainda nos ufanamos da esperança da glória de Deus. E não só isso, pois nos ufanamos também de nossas tribulações, sabendo que a tribulação gera a constância, a constância leva a uma virtude provada e a virtude provada desabrocha em esperança. E a esperança não decepciona, porque o amor de Deus foi derramado em nossos corações pelo espírito Santo que nos foi dado.

(Carta aos Romanos 5,1-5)

Quando o sofrimento parece se tornar insuportável, não é de racionalidade que a pessoa que sofre precisa, mas da presença de alguém que reze, de um amigo, de afeto. Somente essas coisas podem, até no sofrimento que nos apavora, tornar crível a outra Presença, tornar suportável, a cada minuto, o mais pesado fardo, que se transforma na presença de Esperança, mais forte que todas as esperanças perdidas. Não há nem alegria nem paz na consciência, se o mais sofredor não é servido em primeiro lugar.

56

Sem caridade não há justiça

Se eu falasse as línguas dos homens e as dos anjos, mas não tivesse amor, eu seria como um bronze que soa ou um címbalo que retine. [...] Se eu gastasse todos os meus bens no sustento dos pobres e até me entregasse como escravo, para me gloriar, mas não tivesse amor, de nada me aproveitaria. O amor é paciente, é benfazejo; não é invejoso, não é presunçoso nem se incha de orgulho; não faz nada de vergonhoso, não é interesseiro, não se encoleriza, não leva em conta o mal sofrido; não se alegra com a injustiça, mas fica alegre com a verdade. Ele desculpa tudo, crê tudo, espera tudo, suporta tudo.

(Primeira Carta aos Coríntios 13,1.3-7)

A igualdade apresentada como o objetivo do esforço humano desemboca somente na desilusão. Na verdade, a esperança não supõe igualitarismo, mas o intercâmbio e a partilha, isto é, o Amor. A justiça jamais eliminará a caridade, porque somente esta a faz viver. Não há justiça viva que não proceda da caridade, que não proceda do amor e da necessidade de comunhão. A caridade comanda a fome, e a sede de justiça para todos se alimenta desta fome e desta sede.

57

Guiados pelo sopro do Espírito

Nicodemos perguntou: "Como pode alguém nascer, se já é velho? Ele poderá entrar uma segunda vez no ventre de sua mãe para nascer?" Jesus respondeu: "Em verdade, em verdade, te digo: se alguém não nascer da água e do Espírito, não poderá entrar no Reino de Deus. O que nasceu da carne é carne; o que nasceu do Espírito é espírito. Não te admires do que eu te disse. É necessário para vós nascer do alto. O vento sopra onde quer e ouves a sua voz, mas não sabes de onde vem, nem para onde vai. Assim é também todo aquele que nasceu do Espírito.

(Evangelho de João 3,4-8)

A nossa liberdade consiste em manter a vela do barco estendida e esfolar as mãos para esticar a corda e conservá-la assim; não é a liberdade que fará soprar o vento. Se a vela estiver estendida, mas não houver vento, o barco não se moverá.

A nossa liberdade consiste em ficarmos disponíveis, com a vela estendida, com boa vontade. Isto é, consentir em dizer "sim", na companhia do Senhor; estar disponíveis, não escolher, mas dizer "sim" àquilo que é possível. Diante de Deus, esta é e sempre será a nossa única tarefa de todos os dias.

58

Deus com os pecadores

Depois disso, Jesus saiu e viu um publicano, chamado Levi, sentado na coletoria de impostos. Disse-lhe: "Segue-me". Deixando tudo, levantou-se e seguiu-o. Levi preparou-lhe um grande banquete na sua casa. Lá estava um grande número de publicanos e de outras pessoas, sentadas à mesa com eles. Os fariseus e os escribas dentre eles murmuravam, dizendo aos discípulos de Jesus: "Por que comeis e bebeis com os publicanos e com os pecadores?" Jesus respondeu: "Não são as pessoas com saúde que precisam de médico, mas as doentes. Não é a justos que vim chamar à conversão, mas a pecadores".

(Evangelho de Lucas 5,27-32)

A nossa força consiste em estar em união, sair da ilusão do desespero, do desgosto, ir além da ilusão e descobrir o entusiasmo.

É essencial compreender isto: embora sejamos pobres pecadores, embora sejamos pobres e carregados de defeitos (devemos nos corrigir, devemos nos humilhar, devemos nos tornar sempre melhores), não é preciso crer que Deus não possa se servir de nós e até empregar-nos em coisas grandiosas.

59

O mandamento supremo

Agora foi glorificado o Filho do Homem, e Deus foi glorificado nele. Se Deus foi glorificado nele, Deus também o glorificará em si mesmo, e o glorificará logo. Filhinhos, por pouco tempo eu ainda estou convosco. Vós me procurareis, e agora vos digo, como eu disse também aos judeus: "Para onde eu vou, vós não podeis ir". Eu vos dou um novo mandamento: amai-vos uns aos outros. Como eu vos amei, assim também vós deveis amar-vos uns aos outros. Nisto conhecerão todos que sois os meus discípulos: se vos amardes uns aos outros.

(Evangelho de João 13,31-35)

O último mandamento de Cristo, *a lei das leis*, é o mandamento do amor fraterno. Na esteira desse mandamento, apesar de muitas traições, a concepção cristã de fraternidade universal, durante quase quinze séculos de história, dará origem a instituições de caridade de notável valor. Seguindo-o, na sociedade cristã durante séculos, a Igreja garantirá o cuidado dos enfermos, dos idosos, dos doentes mentais, das viúvas e dos órfãos.

60

O grito da oração

Jesus contou aos discípulos uma parábola, para mostrar-lhes a necessidade de orar sempre, sem nunca desistir: "Numa cidade havia um juiz que não temia a Deus, nem respeitava homem algum. Na mesma cidade havia uma viúva, que vinha à procura do juiz, e lhe pedia: 'Faze-me justiça contra o meu adversário!' Durante muito tempo, o juiz se recusou. Por fim, ele pensou: 'Não temo a Deus e não respeito ninguém. Mas esta viúva já está me importunando. Vou fazer-lhe justiça, para que ela não venha, por fim, a me agredir!'" E o Senhor acrescentou: "Escutai bem o que diz esse juiz iníquo! E Deus, não fará justiça aos seus escolhidos, que dia e noite gritam por ele? Será que vai fazê-los esperar? Eu vos digo que Deus lhes fará justiça bem depressa".

(Evangelho de Lucas 18,1-8)

A oração é essencialmente adoração. Adoração de um ser humano ferido pelas feridas de toda a humanidade. A adoração não é uma abstração: é o grito de uma mulher ou de um homem que estão presentes, com o seu lamento, o seu protesto, a sua indignação... e, ao mesmo tempo, com o ímpeto do seu louvor, ao Amor misterioso que a própria existência do mal não pode colocar em dúvida.

61

Dar sabor à humanidade

Vós sois o sal da terra. Ora, se o sal perde seu sabor, com que se salgará? Não servirá para mais nada, senão para ser jogado fora e pisado pelas pessoas. Vós sois a luz do mundo. Uma cidade construída sobre a montanha não fica escondida. Não se acende uma lâmpada para colocá-la debaixo de uma caixa, mas sim no candelabro, onde ela brilha para todos os que estão em casa. Assim também brilhe a vossa luz diante das pessoas, para que vejam as vossas boas obras e louvem o vosso Pai que está nos céus.

(Evangelho de Mateus 5,13-16)

Nós somos o sal da terra. Sem uma pitada de sal, por mais insignificante que ela seja, o alimento se torna insípido. O fato de sermos o sal da terra nos obriga a não perder o nosso sabor e a não ficar inutilizados no saleiro, fechando os olhos diante da certeza de que não podemos ser felizes sem os outros. Assumindo essas duas tarefas, garantiremos o sabor e – esperamos – a salvação da humanidade. Mas se nos recusarmos, o sal não mais será bom, exceto para ser jogado fora e pisado com a poeira.

62

O Infinito revelado

Vou ainda revelar-vos um mistério: nem todos morreremos, mas todos seremos transformados. Num instante, num piscar de olhos, ao soar da trombeta final – pois a trombeta soará –, não só os mortos ressuscitarão incorruptíveis, mas nós também seremos transformados. Pois é preciso que este ser corruptível se vista de incorruptibilidade e este ser mortal se vista de imortalidade.

(Primeira Carta aos Coríntios 15,51-53)

A certeza do Ser nos traz aquela que chamo "a certeza da imortalidade": o meu eu não pode acabar. Com essa certeza nós tocamos o infinito. O Infinito não pode se limitar a esta ou àquela realidade que nós conhecemos. Aquilo que é infinito é absoluto e é aí que se insere a fé: a Revelação nos diz que este Infinito é Amor. Esta dimensão mística do pensamento está latente no coração de todos, também no coração daqueles que não foram tocados pela Revelação.

63

Amor pelos irmãos

O critério para saber que o conhecemos é este: se observamos os seus mandamentos. Quem diz: "Eu conheço a Deus", mas não observa os seus mandamentos, é mentiroso, e a verdade não está nele. Naquele, porém, que guarda a sua palavra, o amor de Deus é plenamente realizado. Com isso sabemos que estamos em Deus. [...] Caríssimos, não vos escrevo um mandamento novo, mas um mandamento antigo, que recebestes desde o princípio. Este mandamento antigo é a palavra que ouvistes. [...] Aquele que diz estar na luz, mas odeia o seu irmão, ainda está nas trevas. O que ama o seu irmão permanece na luz e não corre perigo de tropeçar. Mas o que odeia o seu irmão está nas trevas, caminha nas trevas, e não sabe aonde vai, porque as trevas ofuscaram os seus olhos.

(Primeira Carta de João 2,3-5.7.9-11)

A relação pessoal que se estabelece entre nós e nosso Pai, que será a nossa força e a nossa salvação, é também a afirmação da comunidade familiar que existe entre todos nós, seus filhos. Nenhum de nós poderá apropriar-se do Pai, nenhum de nós poderá pensar que está verdadeiramente de acordo com o seu desejo e com o seu amor, se não estiver em comunhão com os seus irmãos. Eu não serei mais teu filho, Senhor, se não for o irmão dos meus irmãos e se não formos, todos juntos, teus filhos.

64

O caminho verdadeiro

"E para onde eu vou, conheceis o caminho". Tomé disse: "Senhor, não sabemos para onde vais. Como podemos conhecer o caminho?" Jesus respondeu: "Eu sou o caminho, a verdade e a vida. Ninguém vai ao Pai senão por mim. Se me conhecestes, conhecereis também o meu Pai. Desde já o conheceis e o tendes visto".

(Evangelho de João 14,4-7)

Existe somente um Caminho, que aparentemente leva para fora do caminho, mas, em realidade, leva à meta, e somente esta é verdade. Todo dia e toda a história humana nos fazem ver isto, com clara evidência para os olhares simples. É o caminho da agonia de amar para a Ressurreição, caminho que machuca e desnuda, e nos deixa mais livres diante do Real Absoluto, pelo entusiasmo do face a face com o amor real absoluto, único, universal. Não há outro caminho seguro senão aquele da contradição, do desencontro no qual é preciso consentir, é preciso querer; ao qual é preciso, a todo custo, não querer se subtrair.

65

Enfrentar o mal

Levou consigo Pedro e os dois filhos de Zebedeu e começou a ficar triste e angustiado. Então lhes disse: "Sinto uma tristeza mortal! Ficai aqui e vigiai comigo!" Ele foi um pouco mais adiante, caiu com o rosto por terra e orou: "Meu Pai, se possível, que este cálice passe de mim. Contudo, não seja feito como eu quero, mas como tu queres". Quando voltou para junto dos discípulos, encontrou-os dormindo. Disse então a Pedro: "Não fostes capazes de ficar vigiando uma só hora comigo? Vigiai e orai, para não cairdes em tentação; pois o espírito está pronto, mas a carne é fraca".

(Evangelho de Mateus 26,37-41)

A astúcia mais sutil do maligno, se diz, é conseguir se fazer esquecer. E é verdade que, talvez por medo daquilo que poderia se tornar loucura, provavelmente por pusilanimidade, nós somos cúmplices desse esquecimento. Mas como podemos imaginar que esquecer o mal possa ser o remédio e a proteção contra a sua ameaça? A pessoa que não se submete ao mal o reconhece, o chama pelo nome, o combate: é o fundamento de uma rebelião justa. A rebelião de Jesus. Com frequência, infelizmente, o mal se abate sobre o ser humano, violentamente, e o prostra. Então ele, como Jesus, conhece a prova do desespero.

66

A firmeza de Maria

O pai e a mãe ficavam admirados com aquilo que diziam do menino. Simeão os abençoou e disse a Maria, a mãe: "Este menino será causa de queda e de reerguimento para muitos em Israel. Ele será um sinal de contradição – uma espada traspassará a tua alma! – e assim serão revelados os pensamentos de muitos corações".

(Evangelho de Lucas 2,33-35)

Durante as horas terríveis transcorridas entre o grito de agonia de seu filho na cruz e o momento triunfal das primeiras aparições depois da ressurreição, permaneceu no coração de Maria unicamente a esperança.

Quando rezo para resistir à tentação enganadora do cansaço, do desânimo, elevo os olhos a Maria, que nunca nos faltou nem nos abandonou, e recupero a confiança. Com ela renasce a esperança.

67

Obrigado por seres

Reine em vossos corações a paz de Cristo, para a qual também fostes chamados em um só corpo. E sede agradecidos. Que a palavra de Cristo habite em vós com abundância. Com toda a sabedoria, instruí-vos e aconselhai-vos uns aos outros. Movidos pela graça, cantai a Deus, em vossos corações, com salmos, hinos e cânticos inspirados pelo Espírito. E tudo o que disserdes ou fizerdes, que seja sempre no nome do Senhor Jesus, por ele dando graças a Deus Pai.

(Carta aos Colossenses 3,15-17)

Nós caminhamos para Deus e lhe dizemos: "Obrigado por seres o que és". Nós te agradecemos por seres, por seres Amor, tu que não podes ter outro nome senão "Eu Sou". Pai, Palavra e Sopro nas três pessoas do teu ser uno e único. Obrigado por haveres caminhado conosco, como nós, tão pequenos e vacilantes, e por haveres falado, Palavra encarnada, a fim de que nós não mais estejamos sozinhos. Obrigado por nos haveres dado não só teu Filho, a sua encarnação, mas também a nossa liberdade.

68

Amar a si mesmo, amar o próximo

[...] e um deles, um doutor da Lei, perguntou-lhe, para experimentá-lo: "Mestre, qual é o maior mandamento da Lei?" Ele respondeu: "'Amarás o Senhor, teu Deus, com todo o teu coração, com toda a tua alma e com todo o teu entendimento!' Esse é o maior e o primeiro mandamento. Ora, o segundo lhe é semelhante: 'Amarás teu próximo como a ti mesmo'. Toda a Lei e os Profetas dependem desses dois mandamentos".

(Evangelho de Mateus 22,35-40)

Se eu não sinto amor, não posso ser capaz de dá-lo aos outros. O mandamento "ama teu próximo como a ti mesmo" é muito explícito, o diz sem meios-termos: você deve amar a si mesmo. Se você não se ama, nunca poderá amar os outros, visto que você deve amá-los como aquele você mesmo que você não ama. Quando se ama, manifestam-se diversas polaridades: amo pela minha alegria na sua alegria; porque o amor dá alegria também chorando, através das dificuldades e lutas.

69

Paciência é confiança

Irmãos, tende paciência até a vinda do Senhor. Olhai o agricultor: ele espera com paciência o precioso fruto da terra, até cair a chuva do outono ou da primavera. Também vós, exercei paciência e firmai vossos corações, porque a vinda do Senhor está próxima. Irmãos, não vos queixeis uns dos outros, para que não sejais julgados. Eis que o juiz está às portas. Irmãos, tomai por modelo de paciência nos maus-tratos os profetas, que falaram em nome do Senhor. Reparai que proclamamos felizes os que fizeram prova de constância.

(Carta de Tiago 5,7-11)

Eu sou impaciente e rebelde. Só no convento adquiri um pouco o espírito de paciência. Isso me permitiu mais tarde repetir aos catadores de papel, esmagados por desgraças e sofrimentos, com os quais eu convivia: "Meus amigos, vocês sabem muito bem que não é puxando os caules que se faz crescer mais depressa o trigo. É preciso chuva, sol e frio. É preciso frio e calor. É preciso tempo. Então, confiem no Senhor e em nós, que estamos com vocês!".

70

Sede de absoluto

Jesus respondeu: "Em verdade, em verdade, vos digo: estais me procurando não porque vistes sinais, mas porque comestes pão e ficastes saciados. Trabalhai não pelo alimento que perece, mas pelo alimento que permanece até à vida eterna, e que o Filho do Homem vos dará. Pois a este, Deus Pai o assinalou com seu selo. Perguntaram então: "Que devemos fazer para praticar as obras de Deus?" Jesus respondeu: "A obra de Deus é que acrediteis naquele que ele enviou".

(Evangelho de João 6,26-29)

Num belo dia, nós tomamos consciência do vazio que há em nós; sentimos, quase com violência, a nossa fome e a nossa sede de perfeição, de beleza. Essa sede de absoluto, que grita dentro de nós, lembra a imagem da cera na qual foi impresso um selo. Não vejo o selo, mas ao olhar atentamente para a marca deixada na cera, ao prestar atenção àquilo que me falta, àquilo que grita dentro de mim, descubro a resposta. Descubro o valor do conhecimento, da amizade, do amor.

71

A alegria da partilha

Se, portanto, existe algum conforto em Cristo, alguma consolação no amor, alguma comunhão no Espírito, alguma ternura e compaixão, completai a minha alegria, deixando-vos guiar pelos mesmos propósitos e pelo mesmo amor, em harmonia buscando a unidade. Nada façais por ambição ou vanglória, mas, com humildade, cada um considere os outros como superiores a si e não cuide somente do que é seu, mas também do que é dos outros.

(Carta aos Filipenses 2,1-4)

Se eu compartilho com você o seu sofrimento, a minha alegria é a sua alegria, a alegria que você experimenta porque compreende que não mais está abandonado, que não mais está sozinho, e a sua alegria está na minha, enquanto a nossa alegria está a serviço da alegria de todos. Essa é a função da liberdade. A liberdade é salvaguardada somente por isso; de outro modo, seria reduzida à escravidão, prisioneira dos nossos egoísmos, dos nossos caprichos. Não seria verdade que somos livres. Libertamo-nos somente quando estamos presentes onde devemos agir, onde compreendemos que há necessidade.

72

Voltar-se para o Senhor com humildade

Dois homens subiram ao templo para orar. Um era fariseu, o outro publicano. O fariseu, de pé, orava assim em seu íntimo: "Deus, eu t agradeço porque não sou como os outros, ladrões, desonestos, adúlteros nem como este publicano. Jejuo duas vezes por semana e pago o dízimo de toda a minha renda". O publicano, porém, ficou a distância e nem se atrevia a levantar os olhos para o céu; mas batia no peito, dizendo: "Meu Deus, tem compaixão de mim, que sou pecador!" Eu vos digo: este último voltou para casa justificado, mas o outro não. Pois quem se exalta será humilhado, e quem se humilha será exaltado.

(Evangelho de Lucas 18,10-14)

Aquilo que as pessoas exigem de nós, no fundo, não é que sejamos perfeitos, mas que manifestamente, visivelmente tentemos sê-lo. É preciso que elas vejam em nós uma pessoa que procura humildemente fazer o bem. Se elas se encontram diante de uma pessoa que, sem dúvida, tem muitos defeitos, mas que se sente voltada para o Senhor, então terão, sem dúvida, respeito por ela, porque lhes levará aquilo que esperam: o testemunho do Absoluto, que nos chama mediante a nossa miséria.

73

A importância do fim

Quando o Filho do Homem vier em sua glória, acompanhado de todos os anjos, ele se assentará em seu trono glorioso. Todas as nações da terra serão reunidas diante dele, e ele separará uns dos outros, assim como o pastor separa as ovelhas dos cabritos. E colocará as ovelhas à sua direita e os cabritos, à sua esquerda. Então o Rei dirá aos que estiverem à sua direita: "Vinde, benditos de meu Pai! Recebei em herança o Reino que meu Pai vos preparou desde a criação do mundo! Pois eu estava com fome, e me destes de comer; estava com sede, e me destes de beber; eu era forasteiro, e me recebestes em casa; estava nu e me vestistes; doente, e cuidastes de mim; na prisão, e fostes visitar-me".

(Evangelho de Mateus 25,31-36)

É muito importante não perder de vista o objetivo a que nos propomos. Quando Jesus fala de juízo final e diz: "Tinha fome, tinha frio, estava nu, era prisioneiro", diz: "Você compartilhou ou não?". É sobre isso que você será julgado. Isso não significa que os sacramentos, que as virtudes são inúteis; mas não são senão meios para aprender a amar, desde o momento em que o objetivo é este: você amará. Infelizmente, atribuiu-se aos meios a mesma importância do fim, e justamente nos preocupamos em ver respeitados os meios mais que o fim.

74

O Eterno está entre nós

Oito dias depois, os discípulos encontravam-se reunidos na casa, e Tomé estava com eles. Estando as portas fechadas, Jesus entrou, pôs-se no meio deles e disse: "A paz esteja convosco". Depois disse a Tomé: "Põe o teu dedo aqui e olha as minhas mãos. Estende a tua mão e coloca-a no meu lado e não sejas incrédulo, mas crê!" Tomé respondeu: "Meu Senhor e meu Deus!" Jesus lhe disse: "Creste porque me viste? Bem-aventurados os que não viram e creram!"

(Evangelho de João 20,26-29)

Não adianta querer compreender o Eterno com os sentidos; é como querer escutar a música com os olhos, respirar as cores ou tocar a fragrância dos perfumes. Poderemos também afirmar com boa-fé que não existem nem música, nem cores, nem perfumes, mas erramos. Nenhum instrumento humano pode perceber o Eterno. Mas aquele que diz "não" à injustiça, aquele que, movido pelo amor verdadeiro, renuncia a toda vantagem para que o mais fraco seja servido em primeiro lugar, se torna consciente de que o Eterno tão inatingível se apossa dele. É nesse instante que se realiza o encontro.

75

Cristo se fez pão

Jesus disse: "Em verdade, em verdade, vos digo: se não comerdes a carne do Filho do Homem e não beberdes o seu sangue, não tereis a vida em vós. Quem se alimenta com a minha carne e bebe o meu sangue tem a vida eterna, e eu o ressuscitarei no último dia. Pois minha carne é verdadeira comida e meu sangue é verdadeira bebida. Quem se alimenta com a minha carne e bebe o meu sangue permanece em mim, e eu nele. Como o Pai, que vive, me enviou, e eu vivo por meio do Pai, assim aquele que de mim se alimenta viverá por meio de mim. Este é o pão que desceu do céu. Não é como aquele que os vossos pais comeram – e no entanto morreram. Quem se alimenta com este pão viverá para sempre".

(Evangelho de João 6,53-58)

O Eterno nos deu a sua palavra, a expressão de si mesmo no Verbo. Pois o Verbo veio entre nós e se fez vítima, pela redenção de todos. Enquanto se oferecia assim, quis se tornar alimento. Tornou-se pão na Eucaristia. O alimento eucarístico é o fundamento absoluto, essencial, das assembleias da comunidade, da Igreja. É a fonte do seu dinamismo e o laço entre aqueles que fazem parte dela. É assim que em toda parte se torna visível essa relação de paternidade e de fraternidade entre os seres humanos.

76

A descoberta da esperança

Jesus saiu e, como de costume, foi para o monte das Oliveiras. Os discípulos o acompanharam. Chegando ao lugar, Jesus lhes disse: "Orai para não cairdes em tentação". Então afastou-se dali, à distância de um arremesso de pedra, e, de joelhos, começou a orar. "Pai, se quiseres, afasta de mim este cálice; contudo, não seja feita a minha vontade, mas a tua!" Apareceu-lhe um anjo do céu, que o fortalecia. Entrando em agonia, Jesus orava com mais insistência. Seu suor tornou-se como gotas de sangue que caíam no chão.

(Evangelho de Lucas 22,39-44)

Para cada pessoa chega o momento da inevitável solidão. Mesmo que entre os cônjuges exista a mais profunda união, nada pode impedir que haja um momento de solidão insuportável. E então explode em todo homem e em toda mulher a dúvida sobre o sentido da vida. Mas esses momentos podem consistir também em ocasião para saborear, talvez até entre lágrimas, a misteriosa percepção da ternura de Deus. Para combater e vencer a solidão, vou encontrar na adoração uma esperança mais forte.

77

Presença ativa

Pois eu estava com fome, e não me destes de comer; com sede, e não me destes de beber; eu era forasteiro, e não me recebestes em casa; nu, e não me vestistes; doente e na prisão, e não fostes visitar-me. E estes responderão: "Senhor, quando foi que te vimos com fome ou com sede, forasteiro ou nu, doente ou preso, e não te servimos?" Então, o Rei lhes responderá: "Em verdade, vos digo, todas as vezes que não fizestes isso a um desses mais pequenos, foi a mim que o deixastes de fazer!"

(Evangelho de Mateus 25,42-45)

Quando comparecermos diante de Deus, ele dirá a cada um: "Tive fome, tive frio. Onde quer que você tenha morado, aquele que tinha fome, que tinha frio, que chorava ao seu lado, em toda a terra, era eu. Você veio para fazer a comunhão, não somente com a minha presença sacramental, mas com a minha presença social na dor dos pobres? Se você não tomou parte no sofrimento dos outros, então, por mais numerosas que possam ter sido as suas práticas de piedade, as suas devoções, não foram suficientes!".

78

O repouso junto de Deus

Jesus entrou num povoado, e uma mulher, de nome Marta, o recebeu em sua casa. Ela tinha uma irmã, Maria, a qual se sentou aos pés do Senhor e escutava a sua palavra. Marta, porém, estava ocupada com os muitos afazeres da casa. Ela aproximou-se e disse: "Senhor, não te importas que minha irmã me deixe sozinha com todo o serviço? Manda pois que ela venha me ajudar!" O Senhor, porém, lhe respondeu: "Marta, Marta! Tu te preocupas e andas agitada com muitas coisas. No entanto, uma só é necessária. Maria escolheu a melhor parte e esta não lhe será tirada".

(Evangelho de Lucas 10,38-42)

Há momentos em que sentimos que Deus está conosco. São momentos de júbilo. Só então aceitamos parar, conhecemos o repouso. Penso que as ações que nós realizamos – o trabalho em que às vezes nos perdemos –, todas as nossas atividades são realmente uma galopada, uma corrida fatigante em busca daquilo que, no final, preencherá esse vazio, sinal do meu destino de ser humano. Quando estivermos perto de Deus, virá o tempo da felicidade derivado da plenitude.

79

A alegria de ajudar

Jesus convocou os Doze e deu-lhes poder e autoridade sobre todos os demônios e para curar doenças. Ele os enviou para anunciar o Reino de Deus e curar os enfermos. E disse-lhes: "Não leveis nada pelo caminho: nem cajado, nem sacola, nem pão, nem dinheiro, nem duas túnicas. Na casa onde entrardes, permanecei ali, até partirdes daí".

(Evangelho de Lucas 9,1-4)

Quando, no fim de um dia em que nos esforçamos para tornar acolhedora a casa de dois idosos, e um companheiro me disse que estava feliz pelo tempo empregado, eu lhe respondi: "Não se esqueça da alegria que você teve, da felicidade que seria apropriado definir como 'inefável, indizível', e que cantava no seu coração, no momento ingrato em que tivemos ou frio ou fome, ou quando trabalhamos para nada receber. Somente com um simples olhar, nós sabemos o que compartilhamos: ninguém poderia compreender sem ter vivenciado essa experiência única de um instante de vida plena".

80

O sentido do amor

Se permanecerdes em mim, e minhas palavras permanecerem em vós, pedi o que quiserdes, e vos será dado. Nisto meu Pai é glorificado: que deis muito fruto e vos torneis meus discípulos. Como meu Pai me ama, assim também eu vos amo. Permanecei no meu amor. Se observardes os meus mandamentos, permanecereis no meu amor, assim como eu observei o que mandou meu Pai e permaneço no seu amor. Eu vos disse isso, para que a minha alegria esteja em vós, e a vossa alegria seja completa.

(Evangelho de João 15,7-11)

"Amor" é uma das palavras diante das quais ou se cala ou se colocam limites na sua definição. Por outro lado, pode-se falar dela durante séculos. É preciso muito tempo somente para entrever o seu significado. Os seus contornos são indeterminados porque essa palavra indica a perfeição. É o mesmo ser do Eterno. O que importa é que todos nós temos o direito de falar dele. Ao enfrentarmos os quesitos que todos nos colocamos, temos a ocasião de perceber o significado daquela entidade imprescindível que chamamos "Deus", ou "Vida", ou "Infinito".

81

Todos podem servir

[...] Mas Deus, quando formou o corpo, deu mais honra ao que nele é tido como sem valor, para que não haja divisão no corpo, mas, pelo contrário, os membros sejam igualmente solícitos uns pelos outros. Se um membro sofre, todos os membros sofrem com ele; se um membro é honrado, todos os membros se regozijam com ele. Vós todos sois o corpo de Cristo e, individualmente, sois membros desse corpo.

(Primeira Carta aos Coríntios 12,24-27)

Um dia, quando me encontrava de passagem por uma comunidade, um companheiro idoso me disse: "Padre, estou ficando cego, não poderei mais servir. Há 15 anos estou aqui, e foi justamente o poder servir que deu sentido à minha vida". Eu disse àquele companheiro: "Não é verdade que você não poderá mais servir. Até o último instante de sua vida, você poderá sorrir para o companheiro que lhe trará seu prato de sopa. E você terá verdadeiramente servido, se o seu sorriso ajudar seu companheiro a fazer aquilo que deverá ser feito no resto do dia".

82

Piedade com os famintos

Grandes multidões iam até ele, levando consigo coxos, aleijados, cegos, mudos, e muitos outros doentes. Eles os trouxeram aos pés de Jesus, e ele os curou. A multidão ficou admirada, quando viu mudos falando, aleijados sendo curados, coxos andando e cegos enxergando. E glorificaram o Deus de Israel. Jesus chamou seus discípulos e disse: "Sinto compaixão dessa multidão. Já faz três dias que estão comigo, e não têm nada para comer. Não quero mandá-los embora sem comer, para que não desfaleçam pelo caminho". Os discípulos disseram: "De onde vamos conseguir, num lugar deserto, tantos pães que possamos saciar tão grande multidão?".

(Evangelho de Mateus 15,30-33)

Devemos ter coragem de escutar o desespero daqueles – mais de dois terços da população mundial – que têm fome, que não têm trabalho, nem casa, nem escola. Até entre nós, privilegiados, há medo, injustiça, angústia; há quem teme a rebelião dos desesperados. A coisa absolutamente necessária é uma piedade imensa que se abra para a dimensão de todo o globo, para os bilhões de seres humanos semelhantes a nós que vivem nele.

83

Jesus é liberdade

Jesus, então, disse aos judeus que acreditaram nele: "Se permanecerdes em minha palavra, sereis verdadeiramente meus discípulos, e conhecereis a verdade, e a verdade vos tornará livres". Eles responderam: "Nós somos descendentes de Abraão e nunca fomos escravos de ninguém. Como podes dizer: 'Vós vos tornareis livres?'" Jesus respondeu: "Em verdade, em verdade, vos digo: todo aquele que comete o pecado é escravo do pecado. O escravo não permanece para sempre na casa, o filho nela permanece para sempre. Se, pois, o Filho vos libertar, sereis verdadeiramente livres".

(Evangelho de João 8,31-36)

Jesus, nosso redentor, nós poderíamos talvez te rejeitar? Para pertencer somente a nós mesmos, nos subtraímos ao Eterno. E então, Jesus, que te revelaste Filho daquele Pai ao qual nos havíamos subtraído, tu te dás a nós, ladrões desventurados, para que, aceitando esse resgate – que és tu, tu que amas loucamente, que te abandonas a nós –, encontremo-nos contigo e aprendamos de novo a amar. Obrigado, Jesus, por teres vindo nos libertar de nossa condição de prisioneiros, fazendo-te, tu mesmo, prisioneiro do amor.

84

O meu corpo

Enquanto estavam comendo, Jesus tomou o pão, pronunciou a bênção, partiu-o e lhes deu, dizendo: "Tomai, isto é o meu corpo". Depois, pegou o cálice, deu graças, passou-o a eles, e todos beberam. E disse-lhes: "Este é o meu sangue da nova Aliança, que é derramado por muitos. Em verdade, não beberei mais do fruto da videira até o dia em que beberei o vinho novo no Reino de Deus".

(Evangelho de Marcos 14,22-25)

A Eucaristia é fonte de remissão para todo pecado, para cada um de nós, em cada um dos dias de nossa vida. Não é preciso esquecer que o Espírito Santo está presente também para aqueles que não conheceram a revelação. A Eucaristia é a remissão do pecado da humanidade através de todos os séculos, daquele pecado do qual nos tornamos culpados todas as vezes que não sabemos amar suficientemente. É também a fonte da nossa humildade, do nosso arrependimento, da nossa dor. Daquela dor fecunda como o grão que deve morrer para gerar a espiga.

85

Unidos no amor

Eu não rogo somente por eles, mas também por aqueles que vão crer em mim pela palavra deles. Que todos sejam um, como tu, Pai, estás em mim, e eu em ti. Que eles estejam em nós, a fim de que o mundo creia que tu me enviaste. Eu lhes dei a glória que tu me deste, para que eles sejam um, como nós somos um: eu neles, e tu em mim, para que sejam perfeitamente unidos, e o mundo conheça que tu me enviaste e os amaste como amaste a mim.

(Evangelho de João 17,20-23)

O termo "religião" significa "aquilo que une", "aquilo que religa". No decorrer da história, é usado em contextos diversos e muitas vezes impropriamente.

Originariamente, a palavra quer dizer "aquilo que une no amor". Pode-se pensar que todas as religiões estejam voltadas para a mesma direção, mas, ao mesmo tempo, pode-se acreditar – coisa que eu sinto com intensidade – que todas provenham daquele amor infinito por meio do qual se orientam, no tempo, esse breve tempo que chamamos "vida", durante a qual a liberdade se manifesta na capacidade de escolher.

86

O silêncio da oração

Quando orardes, não sejais como os hipócritas, que gostam de orar nas sinagogas e nas esquinas das praças, em posição de serem vistos pelos outros. Em verdade vos digo: já receberam a sua recompensa. Tu, porém, quando orares, entra no teu quarto, fecha a porta e ora ao teu Pai que está no escondido. E o teu Pai, que vê no escondido, te dará a recompensa.

(Evangelho de Mateus 6,5-6)

A oração é sempre possível, mesmo em meio ao barulho dos automóveis, ou sob o estrondo do canhão que reboa. Mas é preciso ter aprendido, pelo menos uma vez na vida, a afastar-se do tumulto e da pressa para entrar no único movimento da alma voltada para Deus. Sim, seria necessário encontrar-se no silêncio; seria preciso encontrar-se fazendo a experiência, dura e crua, do vazio dentro de si. Somente depois que se chegou à mais profunda das solidões, nasce, desorientada, a verdadeira sede de Absoluto.

87

Crer, apesar de tudo

Não damos a ninguém motivo de escândalo, para que o nosso ministério não seja desacreditado. Pelo contrário, em tudo nos recomendamos como ministros de Deus, por uma constância inalterável, em tribulações, necessidades, angústias, açoites, prisões, tumultos, fadigas, vigílias, jejuns, pela sinceridade, conhecimento, paciência, bondade; pelo Espírito Santo, pelo amor sincero, pela palavra da verdade, pelo poder de Deus, pelo manejo das armas da justiça, quer de ataque, quer de defesa; na glória e na ignomínia, na má e na boa fama.

(Segunda Carta aos Coríntios 6,3-8)

O cristão no qual se pode acreditar é aquele que demonstra ser cristão, apesar de tudo. Ele não fecha os olhos a tudo aquilo que parece negar Deus: injustiça, sofrimento, terremotos, inundações, doenças... O cristão confiável é somente aquele que pode dizer ao próprio irmão não cristão: também eu me sinto exatamente como você, também eu me sinto revoltado, indignado, escandalizado; interpelo a Deus e sou ferido pela ferida dos outros. A fé não dispensa ninguém de ter problemas e de fazer perguntas; fornece, porém, no contínuo interrogar-se da vida, uma certeza, apesar de tudo: o Infinito é Amor.

88

Amar é partilhar

[...] "Bom Mestre, que devo fazer para ganhar a vida eterna?" Disse Jesus: "Por que me chamas de bom? Só Deus é bom, e mais ninguém. Conheces os mandamentos: não cometerás homicídio, não cometerás adultério, não roubarás, não levantarás falso testemunho, não prejudicarás ninguém, honra teu pai e tua mãe!" Ele então respondeu: "Mestre, tudo isso eu tenho observado desde a minha juventude". Jesus, fitando-o, com amor, lhe disse: "Só te falta uma coisa: vende tudo o que tens, dá o dinheiro aos pobres e terás um tesouro no céu. Depois, vem e segue-me". Ao ouvir isso, ele ficou pesaroso por causa desta palavra e foi embora cheio de tristeza, pois possuía muitos bens.

(Evangelho de Marcos 10,17-22)

A igualdade absoluta não existe. A vida é tecida de desigualdades. E as desigualdades, quando não são consequência de situações escandalosas denunciadas, constituem um apelo: você, que é forte, dê atenção a quem é frágil; você, que tem importantes meios financeiros, lembre-se de quem tem falta deles. Na escola da vida, muitas vezes definida como "dura" porque feita de desigualdades, não há escolha: ou aprendemos a amar, ou nos tornamos monstros. Injustiça não é desigualdade, é não compartilhamento.

89

A influência do próximo

Irmãos, no caso de alguém ser surpreendido numa falta, vós que sois espirituais, corrigi-o, em espírito de mansidão (mas não descuides de ti mesmo, para não seres surpreendido, tu também, pela tentação). Carregai os fardos uns dos outros; assim cumprireis a lei de Cristo. Pois, se alguém julga ser uma pessoa importante, quando na verdade não é nada, está se iludindo a si mesmo. Cada um examine suas próprias ações; então, poderá ter de que se gloriar, mas somente por referência a si mesmo e não se comparando com outrem. Pois, cada qual tem de carregar seu próprio fardo. Aquele que recebe o ensinamento da Palavra torne quem o ensina participante de todos os bens.

(Carta aos Gálatas 6,1-6)

A minha vida foi marcada por encontros, começando por aquele com meu pai. Mas as pessoas importantes que encontrei na minha vida não se tornaram modelo para mim; permitiram-me mais iluminar as diversas facetas da minha personalidade, obrigando-me a não me dispersar muito, a me concentrar. Os amigos que amei me tocaram e influenciaram, contribuindo para formar-me como faz o toque do polegar do oleiro na argila que está moldando.

90

O verdadeiro espírito de pobreza

Quando Jesus chegou ao lugar, olhou para cima e disse: "Zaqueu, desce depressa! Hoje eu devo ficar na tua casa". Ele desceu depressa, e o recebeu com alegria. Ao verem isso, todos começaram a murmurar, dizendo: "Foi hospedar-se na casa de um pecador!" Zaqueu pôs-se de pé, e disse ao Senhor: "Senhor, a metade dos meus bens darei aos pobres, e se prejudiquei alguém, vou devolver quatro vezes mais". Jesus lhe disse: "Hoje aconteceu a salvação para esta casa [...]".

(Evangelho de Lucas 19,5-9)

A *pobreza* concebida pelo Evangelho não é para todas as pessoas aquela de São Francisco de Assis, que abandonou tudo. Um diretor de empresa pode ser pobre segundo o Evangelho, se tiver consciência de que todos os seus privilégios constituem um débito. Não é obrigado a se propor o ideal de se destituir de seu patrimônio, mas de realizar o seu ofício, esforçando-se para que haja trabalho e salário justo para todos. Se viver com este pensamento, ele será pobre segundo o Evangelho. Como a miséria impede a pessoa de se tornar um ser humano, assim esse espírito de pobreza é a condição necessária para sê-lo.

91

Irmãos de todos os seres humanos

Ouvistes que foi dito: "Amarás o teu próximo e odiarás o teu inimigo"! Ora, eu vos digo: amai os vossos inimigos e orai por aqueles que vos perseguem! Assim vos tornareis filhos do vosso Pai que está nos céus; pois ele faz nascer o seu sol sobre maus e bons e faz cair a chuva sobre justos e injustos. Se amais somente aqueles que vos amam, que recompensa tereis? Os publicanos não fazem a mesma coisa? E se saudais somente os vossos irmãos, que fazeis de extraordinário? Os pagãos não fazem a mesma coisa? Sede, portanto, perfeitos como o vosso Pai celeste é perfeito.

(Evangelho de Mateus 5,43-48)

A fraternidade é uma escolha, tanto pessoal como coletiva, que se fundamenta na razão e na livre participação de cada um para o bem comum. Hoje, mais que nunca, ela deve se estender muito além da família, do partido ou da nação. A fraternidade humana é universal. No momento em que, pela primeira vez na história da humanidade, a Terra se torna uma aldeia, somos condenados e chamados a novas formas de partilha. Devemos aprender a viver juntos, fraternalmente, qualquer que seja a cor da nossa pele e a nossa religião. E essa escolha compromete cada um de nós.

92

Voltar para o Senhor

De fato, sabemos que, se a tenda em que moramos neste mundo for destruída, Deus nos dá outra moradia no céu, que não é obra de mãos humanas e que é eterna. Aliás, é por isso que gememos, suspirando por ser sobrevestidos com a nossa habitação celeste; sobrevestidos digo, se é que seremos encontrados vestidos e não nus. [...] Estamos sempre cheios de confiança e bem lembrados de que, enquanto moramos no corpo, somos peregrinos, longe do Senhor; pois caminhamos pela fé e não pela visão. Mas estamos cheios de confiança e preferimos deixar a moradia do nosso corpo, para ir morar junto do Senhor.

(Segunda Carta aos Coríntios 5,1-3.6-8)

Estou muito velho; a vida me deixa aos poucos. As minhas energias diminuíram, e carrego o peso dos meus longos anos. O tempo deixou no meu corpo e no meu espírito a sua marca. Todas essas conjeturas me fazem pensar que Deus-Amor está pronto para me acolher em breve. A perspectiva desse encontro me deixa feliz e cheio de impaciência. Uma impaciência com a qual convivo sempre, desde que era criança e pedia insistentemente que a Santa Virgem viesse para me levar consigo. Não é algo patológico. É sede de sol meridiano e de água pura.

93

Salvadores no amor

Se alguém disser: "Amo a Deus", mas odeia o seu irmão, é mentiroso; pois quem não ama o seu irmão, a quem vê, não poderá amar a Deus, a quem não vê. E este é o mandamento que dele recebemos: quem ama a Deus, ame também seu irmão. Todo aquele que crê que Jesus é o Cristo foi gerado de Deus, e quem ama aquele que gerou amará também aquele que dele foi gerado.

(Primeira Carta de João 4,20–5,1)

Somos verdadeiramente salvos somente a partir do momento em que nos fazemos salvadores. É preciso compreender isto, é preciso viver isto: viver é tornar crível o amor, tornar crível que todos somos amados, que todos somos capazes de aprender a amar para sempre. É fazer justiça ao ser humano, é fazer justiça a Deus. Não encontraremos a alegria, o sentido da vida, o gosto que há na vida para ser filhos de Deus, a não ser que sejamos irmãos de nossos irmãos, os outros filhos de Deus.

94

O nome de Deus

Um dia, Jesus estava orando num certo lugar. Quando terminou, um de seus discípulos pediu-lhe: "Senhor, ensina-nos a orar, como também João ensinou a seus discípulos". Ele respondeu: "Quando orardes, dizei: 'Pai, santificado seja o teu nome; venha o teu Reino'".

(Evangelho de Lucas 11,1-2)

"Santificado", como "sagrado", significa "algo que é separado". Através da oração, uma das expressões naturais do Amor, afirmamos que não se brinca com o nome de Deus, visto o nome ser Deus. Nós nos irritamos justamente quando o nosso nome é utilizado de qualquer modo. É preciso santificar os nomes. Não se deve brincar com o nome de Deus, nem com o nome das pessoas. É preciso dar sentido e significado à criação, a tudo aquilo que Deus estabeleceu e quis por amor. Como não santificar o nome do Pai, esse nome maravilhoso, dizer "Abbá", assim como dizemos "papai"?

95

Presentes entre aqueles que sofrem

Chamou, então, a multidão, juntamente com os discípulos, e disse-lhes: "Se alguém quer vir após mim, renuncie a si mesmo, tome a sua cruz e siga-me! Pois quem quiser salvar sua vida a perderá; mas quem perder sua vida por causa de mim e do Evangelho, a salvará. De fato, que adianta alguém ganhar o mundo inteiro, se perde a própria vida? E que poderia alguém dar em troca da própria vida?"

(Evangelho de Marcos 8,34-37)

Para que os sacrifícios que são feitos e as privações que são aceitas façam nascer a amizade, não é tão necessário empregar dinheiro, técnicas, máquinas, especialistas: é preciso, antes de tudo, dar a si mesmo, viver como aqueles que queremos ajudar. Se não há essa presença humana no meio daqueles que sofrem, o dinheiro faz mais mal que bem.

96

Vencer o desespero

Desde o meio-dia, uma escuridão cobriu toda a terra até às três horas da tarde. Pelas três da tarde, Jesus deu um forte grito: "Eli, Eli, lamá sabactâni?", que quer dizer: "Meu Deus, meu Deus, por que me abandonaste?"

Já era mais ou menos meio-dia, e uma escuridão cobriu toda a terra até às três da tarde, pois o sol parou de brilhar. [...] Jesus deu um forte grito: "Pai, em tuas mãos entrego o meu espírito". Dizendo isto, expirou.

(Evangelho de Mateus 27,45-46 || Evangelho de Lucas 23,44.46)

Esse grito de Jesus, versículo de um salmo antigo, é universal: expressa alguma coisa que cada um de nós pode ter conhecido um dia e, ao mesmo tempo, fala do sofrimento do ser humano, desde o início da humanidade. Será que Jesus perdeu a esperança? Será que ele chegou ao fundo da nossa miséria e da nossa fragilidade, e, então, a dor se tornou forte demais? Um instante depois, porém, cancelando o grito da tentação de desespero, disse: "Meu Pai, nas tuas mãos entrego o meu espírito". É assim que, num movimento de confiança filial, quem reza confia a sua pessoa às mãos de Deus.

97

Servir o próximo

O escriba disse a Jesus: "Muito bem, Mestre! Na verdade, é como disseste: 'Ele é o único, e não existe outro além dele'. Amar a Deus de todo o coração, com toda a mente e com toda a força, e amar o próximo como a si mesmo, isto supera todos os holocaustos e sacrifícios". Percebendo Jesus que o escriba tinha respondido com inteligência, disse-lhe: "Tu não estás longe do Reino de Deus". E ninguém mais tinha coragem de fazer-lhe perguntas.

(Evangelho de Marcos 12,32-34)

Jovens, pensem! Vocês poderiam ser a mais infeliz de todas as gerações humanas, se continuassem a se deixar arrastar na tolice e na vergonha da sua própria idolatria, acreditando que a alegria de viver seja: *eu, eu, eu* – a *minha* profissão, a *minha* fortuna, o *meu* dinheiro. Mas vocês poderiam ser as pessoas mais felizes que até agora existiram entre os filhos do ser humano, entre os filhos de Deus, se finalmente compreendessem que a felicidade de viver está em procurar a própria alegria colocando-se a serviço da alegria de todos. Se compreendessem, finalmente, que o modo de empenhar a própria vida é *amar* o próximo como a si mesmo, quer dizer, servi-lo antes de mim, se ele for menos feliz que eu.

98

O sacrifício e o escárnio

Depois de o crucificarem, repartiram as suas vestes tirando a sorte. E ficaram ali sentados, montando guarda. Acima da cabeça de Jesus puseram o motivo da condenação: "Este é Jesus, o Rei dos Judeus". Com ele também crucificaram dois ladrões, um à sua direita e outro, à esquerda. Os que passavam por ali o insultavam, balançando a cabeça e dizendo: "Tu que destróis o templo e o reconstróis em três dias, salva-te a ti mesmo! Se és o Filho de Deus, desce da cruz!" Do mesmo modo zombavam de Jesus os sumos sacerdotes, junto com os escribas e os anciãos dizendo: "A outros salvou, a si mesmo não pode salvar".

(Evangelho de Mateus 27,35-42)

Aquilo que vale no fim da vida é a comunidade inteira, o universo na sua plenitude. Mas todos, aparentemente ou em segredo, pensam que é o sacrifício dos outros que deve levar a essa realização.

Se, pobre e audaz, uma pessoa progride e nos lembra que a alegria universal nasce do sacrifício de si mesma e não do dos outros, é escarnecida, insultada, presa... E, no fim, nos convencemos de que o único meio de nos libertarmos dela será matá-la.

99

Doar-se

Quem buscar sua vida a perderá, e quem perder sua vida por causa de mim a encontrará. Quem vos recebe, a mim recebe; e quem me recebe, recebe aquele que me enviou. Quem receber um profeta por ele ser profeta, terá uma recompensa de profeta. Quem receber um justo por ele ser justo, terá uma recompensa de justo. E quem der, ainda que seja apenas um copo de água fresca, a um desses pequenos, por ser meu discípulo, em verdade vos digo: não ficará sem receber sua recompensa.

(Evangelho de Mateus 10,39-42)

A maior alegria que existe é a que deriva da livre doação de si mesmo ao outro. A virtude da partilha e do serviço voluntário oferece sorrisos maravilhosos que podem ser conhecidos somente por quem a pratica. Sem esses sorrisos, a fraternidade não seria senão uma árida *corvée*[1] da qual a pessoa não é capaz de se subtrair. Com esses sorrisos, a fraternidade se revela fonte de alegrias intensas, verdadeiros raios de sol que ponteiam a vida e permanecem na memória.

---

[1] Trabalho penoso. Em francês no original. (N.E.)

100

A liberdade autêntica

"A mim tudo é permitido, mas nem tudo me convém". A mim tudo é permitido, mas não me deixarei dominar por coisa alguma. Os alimentos são para o estômago, e o estômago para os alimentos. Mas Deus destruirá um e outros. O corpo, porém, não é para a prostituição, ele é para o Senhor, e o Senhor é para o corpo; e Deus, que ressuscitou o Senhor, nos ressuscitará também a nós, pelo seu poder.

(Primeira Carta aos Coríntios 6,12-14)

Para muitas pessoas, "liberdade", hoje, significa "ausência de obrigações". Assim compreendida, a liberdade não autoriza senão uma lei: a do mais forte que devora o mais fraco. O ser humano é o único ser que goza da liberdade, mas esta deve ser continuamente educada; jamais deverá ser colocada a serviço exclusivo do egocentrismo de cada um. Se eu quiser ser livre sem ter um objetivo, se usar a minha liberdade segundo o meu capricho, bem depressa essa mesma liberdade ficará comprometida. A liberdade não consiste unicamente em se fazer isto ou aquilo, mas existe, antes de tudo, para a pessoa se doar, para amar. A liberdade deve ser realizada na fraternidade.

Cronologia da vida de Abbé Pierre

1912   Henri Antoine Groués, que mais tarde seria conhecido como Abbé Pierre, nasce no dia 5 de agosto, em Lyon, quinto de oito filhos de uma família abastada.

1928   Decide entrar para a ordem franciscana e, em 1931, torna-se capuchinho.

1938   É ordenado sacerdote, assistido pelo padre De Lubac.

1942   Dá início a uma intensa ação de socorro às vítimas do nazismo. É nessa ocasião que se torna Abbé Pierre.

1947   Foi preso duas vezes pelos nazistas durante a II Guerra Mundial, mas conseguiu fugir. Terminado o conflito, volta a Paris e é eleito deputado para a Assembleia Nacional Francesa. Funda o Movimento Universal para uma Confederação Mundial, com Lord Boyd Orr.

1951   Abandona o cargo de deputado em protesto contra uma lei que ele julgava injusta.

1954   No dia 1º de fevereiro, na Rádio Luxemburgo, lança o grande apelo que abala a França. "A insurreição da bondade" leva às Comunidades Emaús uma quantidade incalculável de donativos em dinheiro e em espécie; apesar disso, não é interrompido o trabalho dos catadores de papel. Um mês depois, é aberto o primeiro canteiro para a construção de 82 casas para os sem-teto. Nos meses seguintes, Abbé Pierre passa por todas as cidades da França. É também chamado por diversos países da Europa para encontros e conferências. Chefes de Estado e de Governo, expoentes de diversas Igrejas e crenças, todos o procuram para solicitar uma ajuda, um conselho. Por toda parte começam a surgir as Comunidades Emaús, comunidades de pobres que vivem honestamente do trabalho de recuperação e reutilização de tudo o que é jogado fora, e se permitem o luxo de ajudar quem está ainda pior.

Abbé Pierre recebe diversas condecorações, que aceita como ocasiões preciosas para difundir, em todos os âmbitos e em todas as circunstâncias, as suas ideias. Escreve numerosos livros, traduzidos em todas as línguas.

2007 Morre aos 94 anos, em 22 de janeiro, em Paris. Até um ano antes, já cansado e doente, vivendo na comunidade de La Halte d'Emmaus, em Esteville, na Normandia, não hesitava em sair à rua para defender os direitos dos imigrantes, dos desalojados, dos sem-teto. As Comunidades Emaús estão hoje presentes em mais de quarenta países de todo o mundo.

Referências bibliográficas

ABBÉ PIERRE. *Amare sempre*. Casale Monferrato: Piemme, 1991.

_____. *La voce degli uomini senza voce*. Casale Monferrato: Piemme, 1992.

_____. *Testamento*. Casale Monferrato: Piemme, 1994.

_____. *Mi ero scordato del mio angelo custode*. Casale Monferrato: Piemme, 1998.

_____. *Grido le ingiustizie del mondo*. Casale Monferrato: Piemme, 1999.

_____. *Che cos'è la vita e perchè si muore*. Casale Monferrato: Piemme, 2000.

Sumário

Introdução 5
1. Um Pai de amor (Jo 17,24-26) 7
2. Feliz com os outros (Lc 10,30-36) 8
3. Um grande Pai (Mt 6,7-10) 9
4. O dom do pão (Lc 22,17-20) 10
5. Alegria sem-fim (Lc 12,29-34) 11
6. Vencer a lei do mais forte (Mt 18,10.12-14) 12
7. Deus com os seres humanos (Fl 2,5-11) 13
8. Amar no sofrimento (Rm 12,9-16) 14
9. Da morte para a vida (Jo 5,24-25) 15
10. O sentido do universo (Rm 8,18-21) 16
11. A alegria do perdão (Lc 6,36-39.41-42) 17
12. Jesus tem frio aqui na terra (Lc 2,4-7) 18
13. A fúria do amor (Jo 2,13-16) 19
14. Abandonar a ilusão (Lc 24,18-21) 20
15. Deus, fonte de amor (1Jo 4,16-19) 21
16. A companhia (Mc 1,16-20) 22
17. Riqueza e solidão (Lc 16,10-15) 23
18. Por que há dor? (Jo 16,20-23) 24
19. A verdadeira sabedoria (Tg 3,13-18) 25
20. Maria, nossa irmã (Lc 1,26-32) 26
21. Honestidade e partilha (Lc 3,10-14) 27
22. Combater a tentação (Mt 4,1-4) 28

23. A loucura do cristão (Lc 6,27-31) 29
24. O bem é contagioso (Jo 13,12-17) 30
25. A morte como encontro (Jo 14,1-4) 31
26. Deus e a Palavra (Jo 1,1-5) 32
27. Liberdade no amor (Gl 5,13-15) 33
28. O direito de mudar (Jo 8,5-11) 34
29. Encontrar refúgio no Pai (Lc 24,27-31) 35
30. A força da confiança (Mt 14,26-31) 36
31. O perdão não tem sentido único (Mt 5,22-24) 37
32. A verdade como dom aos seres humanos (Jo 10,14-20) 38
33. A humanidade é una (Gl 3,23-28) 39
34. A ternura de Deus (Mt 11,28-30) 40
35. Encontrar o Amor (Lc 7,44-48) 41
36. Arriscar para ser verdadeiro (Lc 18,28-33) 42
37. Um amigo presente (Jo 15,14-17) 43
38. Reconhecer a nossa impotência (Rm 7,15-21) 44
39. A centelha do amor (Lc 10,21-22) 45
40. Maria, rainha da esperança (Lc 1,46-55) 46
41. Felizes os perseguidos (Mt 5,4-12) 47
42. A missão da Igreja (Mt 28,16-20) 48
43. Fé é amor (Jo 11,21-27) 49
44. A espada da palavra (Mt 10,34-38) 50
45. Abrir-nos para quem tem necessidade (1Jo 3,16-20) 51
46. O Reino de Deus não é deste mundo (Jo 18,33-36) 52
47. Condenados a serem autossuficientes (Jo 12,47-50) 53
48. A majestade da criação (Gn 1,1-8) 54
49. A promessa de Cristo (Jo 12,23-26) 55
50. Lei e vida (Lc 6,1-5) 56

51. O propósito da liberdade (2Cor 3,17–4,2) 57
52. Dar a própria vida (Mt 20,25-28) 58
53. A glória de Deus (Jo 17,1-6) 59
54. Eu sou (Ex 3,13-15) 60
55. Contra o sofrimento, a esperança (Rm 5,1-5) 61
56. Sem caridade não há justiça (1Cor 13,1.3-7) 62
57. Guiados pelo sopro do Espírito (Jo 3,4-8) 63
58. Deus com os pecadores (Lc 5,27-32) 64
59. O mandamento supremo (Jo 13,31-35) 65
60. O grito da oração (Lc 18,1-8) 66
61. Dar sabor à humanidade (Mt 5,13-16) 67
62. O Infinito revelado (1Cor 15,51-53) 68
63. Amor pelos irmãos (1Jo 2,3-5.7.9-11) 69
64. O caminho verdadeiro (Jo 14,4-7) 70
65. Enfrentar o mal (Mt 26,37-41) 71
66. A firmeza de Maria (Lc 2,33-35) 72
67. Obrigado por seres (Cl 3,15-17) 73
68. Amar a si mesmo, amar o próximo (Mt 22,35-40) 74
69. Paciência é confiança (Tg 5,7-11) 75
70. Sede de absoluto (Jo 6,26-29) 76
71. A alegria da partilha (Fl 2,1-4) 77
72. Voltar-se para o Senhor com humildade (Lc 18,10-14) 78
73. A importância do fim (Mt 25,31-36) 79
74. O Eterno está entre nós (Jo 20,26-29) 80
75. Cristo se fez pão (Jo 6,53-58) 81
76. A descoberta da esperança (Lc 22,39-44) 82
77. Presença ativa (Mt 25,42-45) 83
78. O repouso junto de Deus (Lc 10,38-42) 84

79. A alegria de ajudar (Lc 9,1-4) 85
80. O sentido do amor (Jo 15,7-11) 86
81. Todos podem servir (1Cor 12,24-27) 87
82. Piedade com os famintos (Mt 15,30-33) 88
83. Jesus é liberdade (Jo 8,31-36) 89
84. O meu corpo (Mc 14,22-25) 90
85. Unidos no amor (Jo 17,20-23) 91
86. O silêncio da oração (Mt 6,5-6) 92
87. Crer, apesar de tudo (2Cor 6,3-8) 93
88. Amar é partilhar (Mc 10,17-22) 94
89. A influência do próximo (Gl 6,1-6) 95
90. O verdadeiro espírito de pobreza (Lc 19,5-9) 96
91. Irmãos de todos os seres humanos (Mt 5,43-48) 97
92. Voltar para o Senhor (2Cor 5,1-3.6-8) 98
93. Salvadores no amor (1Jo 4,20–5,1) 99
94. O nome de Deus (Lc 11,1-2) 100
95. Presentes entre aqueles que sofrem (Mc 8,34-37) 101
96. Vencer o desespero (Mt 27,45-46||Lc 23,44.46) 102
97. Servir o próximo (Mc 12,32-34) 103
98. O sacrifício e o escárnio (Mt 27,35-42) 104
99. Doar-se (Mt 10,39-42) 105
100. A liberdade autêntica (1Cor 6,12-14) 106
Cronologia da vida de Abbé Pierre 107
Referências bibliográficas 108

Impresso na gráfica da
Pia Sociedade Filhas de São Paulo
Via Raposo Tavares, km 19,145
05577-300 - São Paulo, SP - Brasil - 2010